ネーミングがモノを言う

あのヒット商品から「東京スカイツリー」まで

飯田朝子

中央大学出版部

はじめに

　私たちには一人ひとり名前が付いています。幼い頃からその名前で呼ばれ続けているため、あらためて名前の価値について考える機会はあまりありません。しかし、人やモノに名前を付けるということはとても大切な行為——「言葉」の果たす役割なのです。

　名前は個人を特定する機能を持つだけでなく、表記や音からイメージする人物像や個性とも密接に結びついています。例えば「ガ」行や「ダ」行の濁音は、逞しいイメージを抱かせるので男性の名前に多く使われます。「ナ」行や「マ」行の清音は柔らかいイメージを与えるので、女性の名前に人気があります。ひらがな・カタカナ表記や漢字の画数、含まれる音数も、名前の印象を左右する力を持っています。

　それと同様、私たちが普段購入している商品にもネーミングの工夫がいっぱいあります。「食ラー」とまで略された桃屋の商品のネーミングが成功した裏には、長いネーミングに隠された意味があること、「ポッキー」「プリッツ」「プッチンプリン」などグリコの商品にP音が多く入っている理由、CMで一度聞いたら忘れ難くなる「ナイシトール」や「熱さまシート」などの小林製薬の商品名は、どのように決めているのか。こういったネーミングの戦略や独自の仕掛けを知ることで、ネーミングに「言葉」の法則があることが見えてきます。と同時に、なぜその商品が長い年月を経ても消費者に愛されるのかもわかり、ショッピングやネット検索、CMウォッチングが一層楽しくな

るでしょう。

　この本は、大きく分けて2部構成になっています。前半は、私が中央大学商学部のベーシック演習で開講している「消費者を引きつける商品名の研究」というゼミと、2007-2008（平成19-20）年に開講した総合講座「ことば・文化・コミュニケーション」で学生たちとともに分析した内容をまとめたもの、後半は私が「東京スカイツリー」のネーミングに携わって経験した、新しいランドマークの名称決定までの経緯をたどったものです。今では当たり前のように浸透している「東京スカイツリー」の名も、選考の流れが少し違えば「大江戸タワー」や「ゆめみやぐら」だったかもしれない――そう思うと最良のネーミングの判断基準を設定する難しさを知ることができると思います。

　読者の皆さんの中には企業で商品開発に携わる機会があったり、自治体で地域活性化のイベントや"ゆるキャラ"の名称を提案したりすることを夢見ている人もいるでしょう。また、いつかは親になって自分の子どもの命名に頭を悩ませる日がくるかもしれません。そんな時、この本で得た「言葉」の力にモノを言わせてください。ちょっとしたツボを押さえれば、人を引きつけるネーミングはすぐに思いつくことができるのですから。

　2012年8月

飯田朝子

目次

はじめに　　　　　　　　　　　　　　　　　　　　　　　　　　　　　　i

第1部　人の名前と商品のネーミング　　　　001

① 人の名前がモノを言う

自分の名前の由来、知っていますか？　　　　　　　　　　　　　003
名付け親は「両親」が圧倒的な大学生　　　　　　　　　　　　　005
生まれた時代で名前がわかる　　　　　　　　　　　　　　　　　006
男児は漢字、女児は音からのネーミング　　　　　　　　　　　　009
表記にうるさく、読みに甘い日本の人名ルール　　　　　　　　　013
区別するための名前、意味を持たせる名前　　　　　　　　　　　016
平凡な人名を巧みに利用した商品や広告　　　　　　　　　　　　019
有名人の名前をもじった農機具がヒット　　　　　　　　　　　　023

② 名前の音と表記がモノを言う

グリコの「P音ネーミング」戦略　　　　　　　　　　　　　　　026
飲み込む「ん」、味わう「ろ」　　　　　　　　　　　　　　　　028
なぜ男性は濁音が好き？　　　　　　　　　　　　　　　　　　　030
戦隊シリーズ、濁音のネーミング率94％！　　　　　　　　　　　032
紙おむつに共通するネーミングの特徴　　　　　　　　　　　　　034
寄せては返す「長いネーミング」と「短いネーミング」の波　　　037
宮崎駿監督作品名の「の」の効果　　　　　　　　　　　　　　　039
ラーメンのネーミングで一番売れるのはどの表記？　　　　　　　043
12億円もの値が付くネーミングの権利　　　　　　　　　　　　　044
「きゃりーぱみゅぱみゅ」の芸名に見る、音が創る世界観　　　　046

| 「くりぃむしちゅー」や「AKB48」の名前が売れる理由 | 048 |

③ 消費者を引きつける商品のネーミング

名前にモノを言わせた桃屋の「食べるラー油」	052
ネーミングはわかりやすく、忘れにくく	
──小林製薬の商品名パターン	054
高級感を演出する万能語「プレミアム」	060
「113グラムバーガー」では誰も食べない?「クォーターパウンダー」	062
指名買いさせる男前豆腐店の「ジョニー」	063
受験生が思わず買いたくなる、縁起を担いだネーミング	067
「ウィンナー食べて目指せWinner!」の名キャッチフレーズ	069
音・文字・言葉・意味を柔軟に組み合わせてネーミング	072

第2部 「東京スカイツリー」のネーミング　075

④ 新タワーのネーミングを考える

名称検討委員会のメンバーに	077
なぜ「東京スカイツリー」に決まったのか、あらためて考える	078
国内のタワーのネーミング変遷	081
世界の主要なタワーの名前	088
人名や地名から付けられたタワーの名前	090
高さや元号などを入れるリスク	092
先輩「東京タワー」の愛称はこうして決まった	093

得票上位に決まるとは限らない「はやぶさ」論争	099
新タワーにはどんな名称案がくる?	100
新タワーの開発コンセプトと名称検討委員会の面々	102
名称公募に1万8606通	106
新タワーに付けたい名前、大集合!	109
名称案を分析:ほとんどが「○○タワー」型	115
名前に地名を入れる? 入れない?	117
地名を入れた名称案例	118
「東京」と「大江戸」が人気の地名	120
日本人は「ニッポン」「ジャパン」が好き	122
ピンポイントの地名が合う施設と合わない施設	124
「東京タワー」をベースにした名称案4パターン	125
「スカイ」「未来」「夢」が"マジカルワード"	135
人気のあるコンセプト:さくら、日の出、デジタル新時代	140
ものや願いに見立てた発想	141

⑤ ネーミングを6案に絞り込んで全国投票

商標登録されている名称をチェック	144
外国語母語話者によるチェック:「空(くう)」はNGワード?	148
英語訳にした場合の各名称の印象	151
名前の要素の"練り込み"作業	152
非「○○タワー」型案を最終候補に	156
全国投票に向けてどう動くか	159
6候補の提示順も影響?	159
選ばれたのは、僅差で「東京スカイツリー」	161
「ロマンチックじゃないですか!」と委員に好評	164

⑥ 「東京スカイツリー」の名には理由がある

タワーなのにどうして「ツリー?」の疑問	166
「○○タワー」型ではないことのメリット	166
3字だけで「東京タワー」と区別できる	169
「ツリー」の方が「タワー」よりも鋭い	171
清音のみで名前が構成されるメリット	173
ネット時代だからこそ、平易な英単語で書ける名称に	175
「E電」と同じ運命をたどる?	175
"スカイツリー周り"のネーミング	177
マスコットの名前は「ソラカラ」ちゃん	179
「業平橋駅」から「とうきょうスカイツリー」へ	181
まとめ	184
あとがき	187
参考文献	191

※ 本文中、特に記載のない写真は著者が撮影したものです。

第 1 部

人の名前と
商品のネーミング

1

人の名前がモノを言う

● **自分の名前の由来、知っていますか？**

　私の専門は言語学で、日本語の意味を調べる研究をしています。私が勤務する大学では1年生を対象とした演習で「ネーミング研究」と題した基礎ゼミナールを開講しています。商学部でなぜ名前の研究？と思うかもしれませんが、人やものの名前について考えることで、私たちの身の回りのものの存在や価値をあらためて知る手がかりになり、それがビジネスの発展へと役立つのです。

　このゼミでは、自分の名前の由来を調べて皆の前で発表するところから始めます。自分の両親や祖父母から話を聞いたり、生まれた年に起こった出来事や活躍した有名人などを調べたりして、自分の名前がどのような背景や願いから付けられたものなのかを発表します。学生によっては家系図を持ってきて先祖代々使われている漢字を自分も引き継いでいることを説明したり、名付け親が自分の名前を考える際にヒントにしたメモなどを見せてくれる人もいます。

　数年前、外国人風のユニークな名前を持つ男子学生の一人が、「世界中でモテる男に育ってほしいから、この名前をお前に贈る」と父親が書いた手紙を披露してくれたことがありまし

た。子どもに対する父親の熱き想いをしたためた万年筆書きの手紙に、ゼミ員が皆感動したのを覚えています。その学生は、今でもその手紙を大切にして、父親の願いを叶えるべく魅力的な人間になるように努力を重ねていると言っていました。まさに名前がその人の人生を勇気付けていると言えるでしょう。

　また、別の男子学生は自分の名前「優（ゆう）」の由来についてこう説明してくれました。最初、彼の父母は、親の名前から1字を採って子どもの名付けをしようと思いましたが、古臭い感じがするのでやめ、ありふれていない漢字1文字にしようと考えたそうです。思案した末、漢字の画数や響き、意味などを考慮して「優」の文字を使うことに決めました。当初は「優」と書いて「まさる」と読ませようと思ったそうですが、男子学生の父親の職場の先輩に同じ名前の人がいて、重複するので避けることにしました。そこで「優」と書いて「ゆう」と読むことに。優しく優秀な子に育ってほしいというご両親の強い願いが込められているそうです。彼は、母親が当時参考にして捨てずに取ってあった名付け百科の本を教室に持ってきました。何度も繰られて柔らかくなった本のページに、ご両親が熟考して子どもの名前を考えた跡が見て取れます。

　学生本人も、名前負けしないように、特に周りの人に優しく接するように日々努力していると言っていました。将来、孫の代に至るまで「優じいさんは、その名の通り優しい人だった」と言われるようになりたいのだそうです。この場合も名前が人を創る好例だと言えるでしょう。

　そのほかにも「自分の名前は何となく古臭くてあまり好きではなかったが、由来を調べてみたらその重みを知ることができ

て、今は大好きになった」という学生や、「家族の女性の中で唯一『美』という漢字が入っている名前なので、心身ともに美しくなれるように心がけたい」という意見を言う人もいました。

● 名付け親は「両親」が圧倒的な大学生

これまで7年の間に、私のネーミングのゼミでは109人の学生が自分の名前の由来についての発表を行いました。誰が名付けてくれたのか、どんな意味が込められているのか、自分が親になったら子どもにどんな名前を付けたいのか、といったことを語ってもらいます。

以下に109人の学生の「名前を誰が名付けたのか」の分布を示します。言うまでもなく最も多かったのは、両親が一緒に考えてくれたケースで37人（36%）。男の子だったら父親が名付け、女の子だったら母親が名付けるようにしている家も多くありましたが、意外にも父親の方が若干優勢のようです。父親

● 大学生に聞く、あなたの名付け親は誰ですか？

両親一緒	37人
父親	24人
母親	21人
祖父母	7人
おじおば	3人
占い師	2人
お坊さん	4人
その他（父の同僚、母の友人、兄姉）	4人

両親一緒 36%
父親 24%
母親 21%
祖父母 7%
おじおば 3%
占い師 2%
お坊さん 4%
その他（友人・兄姉・同僚） 3%

は、自分の好きな女優やタレントの名前にあやかって娘の名前を付けることが少なくありません。祖父母が名付ける例は、本家の長男や家業を継ぐと期待されているような子どもに多く見られました。そのような場合、祖父や父親から1字を受け継いだり、兄弟で同じ字を入れて家族の統一を図るといった名付けが行われています。懇意にしている占い師や、お世話になっている寺の住職に付けてもらったという人が、計6人もいました。字画や吉凶などに配慮する両親に見られる傾向のようです。この場合、占い師やお坊さんに吉となる名前の候補を三つ〜五つ程度出してもらい、その中から両親が一つを選んで子どもに名付ける方法を取っていました。

● **生まれた時代で名前がわかる**

　子どもの名前を考えるのは、簡単なようで大変難しい作業です。生まれたばかりの愛する我が子に世界で最も素晴らしい名前を付けたいと思うのは、どの親でも同じこと。もちろん生まれる前から名前の候補はいくつも考えますが、実際に生まれた子どもの顔を見て「やっぱり違うな。考え直そう」と思うこともよくあります。子どもが誕生してから14日以内に役所に出生届けを出さなくてはいけないので、親の最初の嬉しい悩みが生まれて2週間以内にやってくることになります。

　ここに明治安田生命が調べ続けている、生まれ年による人気のある子どもの名前変遷をまとめた表があります。この調査は大正元（1912）年から始まり、ちょうど100年分の日本人の人気の名前をたどることができます。これを見ると、大正時代には、男の子は「正一、正雄、正」といった「大正」の年号から

表1 ● 人気のある日本の子どもの名前百年史（1912～2011）

誕生年	男の子	女の子
1912年 （大正元年）	正一、清、正雄、正、茂	千代、ハル、ハナ、正子、文子
1927年 （昭和2年）	昭、昭二、和夫、清、昭一	和子、昭子、久子、照子、幸子
1944年 （昭和19年）	勝、勇、勝利、進、勲	和子、洋子、幸子、節子、勝子
1960年 （昭和35年）	浩、浩一、誠、浩二、隆	恵子、由美子、久美子、智子、浩子
1970年 （昭和45年）	健一、誠、哲也、剛、博	直美、智子、陽子、裕子、由美
1980年 （昭和55年）	大輔、誠、直樹、哲也、剛	絵美、裕子、久美子、恵、智子
1988年 （昭和63年）	翔太、達也、拓也、大輔、健太	愛、彩、美穂、麻衣、沙織
1990年 （平成2年）	翔太、拓也、健太、大樹、亮	愛、彩、愛美、千尋、麻衣、舞
2000年 （平成12年）	翔、翔太、大輝、優斗、拓海	さくら、優花、美咲、菜月、七海、葵
2008年 （平成20年）	大翔、悠斗、陽向、翔太、悠人、颯太	陽菜、結衣、葵、さくら、優奈
2010年 （平成22年）	大翔、悠真、翔、颯太、歩夢	さくら、陽菜、結愛、莉子、美桜
2011年 （平成23年）	大翔、蓮、颯太、樹、大和、陽翔	陽菜、結愛、結衣、杏、莉子、美羽、結菜、心愛、愛菜

（明治安田生命の調査による http://www.meijiyasuda.co.jp/profile/etc/ranking/）

1字採った名前が人気で、女の子でも「正子」がランクインしています。「ハル、ハナ」といったカタカナ2文字の名前も多く付けられていました。

　大正から昭和に年号が変わった時、名前のトレンドは大きく動きました。「昭」と「和」の2文字を使った名前が大人気となったのです。男の子は「昭、昭二、和夫、昭一」、女の子は「和子、昭子」が上位を独占しています。興味深いことに、昭和から平成になった翌年に生まれた子には「平」や「成」の字

を使った名前は多く登場していません。年号を名付けに採り入れる動きは昭和時代でひとまず終わったと言えるでしょう。

　太平洋戦争末期の1944（昭和19）年には、男の子は「勝、勇、勝利、進、勲」といった日本の勝利を祈る名前が付けられ、女の子には「和子、洋子、幸子、節子、勝子」が好まれました。

　戦後、1960（昭和35）年は男の子に「浩」の字を付けるのが大流行。「浩、浩一、浩二」といった名前は、この年2月に皇太子徳仁親王（御称号は浩宮（ひろのみや））が誕生されたことにあやかっています。女児の名前にも「浩子」がランクインしていますし、皇太子妃（当時）美智子さまのお名前から1字頂く名付けも多くありました。

　これ以降、1970年代後半まで大きな名付けの流行の変化は見られず、男児には「健一、誠、大輔」、女児には「直美、陽子、由美子」などが安定した人気を誇っていました。80年代に入り、「大輔、健太、直樹」が増えたと思ったら、1988（昭和63）年に「翔太」がトップに立ちます。この「翔太」という名は2008（平成20）年の調査までネーミング・トップ10にランクインし続け、平成時代に不動の人気を誇る名前となります。皆さんの周りにも「翔太さん」が一人はいるのではないでしょうか。2000年代に入ると「翔」の字を用いた「大翔（ひろと）」も人気となり、2005年から1位または2位の地位を維持しています。今後もこの人気は衰えないと思われます。女児は2000年代からは「さくら、美咲（みさき）、陽菜（ひな）」など、明るく花が咲くイメージを持つ名前が上位の常連としてランクインしています。女児は、生まれた年に活躍した有名人の名前

にあやかるケースが多く、大河ドラマで篤姫を演じた宮崎あおいさんにちなんで「あおい」という名前を付けたり、フィギュアスケートの浅田真央選手が活躍した年には「まお」、子役の芦田愛菜さんが人気を集めた年は「まな」と付ける傾向が見られました。

● **男児は漢字、女児は音からのネーミング**

　私は大学の教員として、のべ何千人もの学生の名簿を手にしてきましたが、漢字にふりがながなければ絶対に読めないような凝った名前が最近ますます増えてきたような気がします。4月の初回の授業では「お名前は何て読むのですか？」と聞くやりとりが必要です。本人も「また聞かれちゃったよ」という顔をしているので、慣れっこのようです。同じ漢字を書いても、読み方が同じとは限りません。例えば男子学生で同じ「叶夢」と漢字で書いても一人は「かなむ」、もう一人は「とむ」と読ませたりするケースがありました。女性では「愛美」で「まなみ」「えみ」「あみ」「まみ」「いとみ」などは読み方が多彩なので、本人に確認してから名簿には必ずふりがなをふっています。「ゆうき」や「ちひろ」は今の学生世代に人気の名前で、クラスに男女どちらもいることがあります。もちろん「俊太郎」や「幸之進」、「梅乃」といった趣ある名前を持つ学生もいて、人名のバリエーションが一層広がっていると感じます。

　とはいえ、名前の西欧化がどんなに進んでも、自分の子に「気高く育ってほしい」と願って「ウィリアム」とか「エリザベード」とかと名付けたり、「偉人になってほしい」からと、「アイザック」とか「スティーブ」、「アントワネット」と名付

けたりすることはしません。留学生や国際的な家庭に生まれ育ったという学生は除き、両親とも日本国籍で4音以上のカタカナ名を持つ学生には、私はまだ出会ったことがありません。

　現代の日本では、男性名と女性名にはそれぞれ音数の制約と好まれる音種があります。男性名の音数は女性名のそれと比較すると広く、例えば「健」の字を使う場合、2音で「健」、3音「健人」、4音「健一」、5音「健太郎」、6音「健三郎」などの中から選んで名付けます。それに対し、女性名は音の制約がより狭く、原則2〜3音です。稀に4音名もありますが、「寿莉杏（じゅりあん）」といったハーフっぽい名前、古くからは「桜子」「薫子」などに限られます。音数の面では、男性名の方が柔軟性があると言えます。

　男性と女性では、名前の発想の構図が異なると感じます。現在20歳前後の男子学生には、良い意味を持つ1字の漢字に「大　人　斗　太　樹　哉　輝」を付ける手法を用いたものが多くあります。これらはしばしば"添え字"とも呼ばれ、例えば、「直」を使う漢字に決めた場合、「直大（なおひろ）」、「大直（ひろなお）」、「直人（なおと／なおひと）」「直太（なおた／なおひろ）」、「直樹（なおき）」「直哉（なおや）」「直輝（なおき／なおてる）」などに展開させることができます。一昔前は「夫　雄

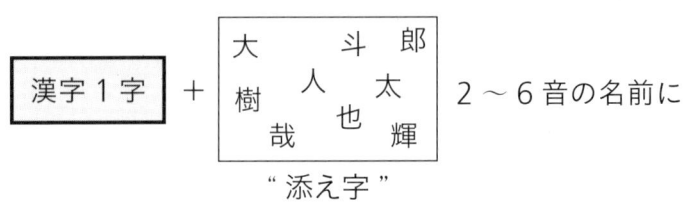

平彦一」などがその役割を果たしていましたが、時代とともに添え字のバリエーションも変化しています。あと20年も経つと、また異なった漢字が並ぶことでしょう。

女性の名付けでは、音が優先される傾向があります。選べる音が2〜3音という制約がありますので、まずは耳に心地よい音を二つ、三つ選び、それをどう表記するか（ひらがなにするか漢字を当てるか）を考える順番で名付けをする場合が多いようです。

最近の女子学生の名前には、以下の六つの音「ゆ み な ま り あ」が多く使われています。これらの音を組み合わせると、以下のような名前を作ることができます。

【2音】

ゆみ　ゆな　ゆま　ゆり　ゆあ
みみ　みな　みま　みり　みあ
みゆ
なな　なみ　なゆ
まゆ　まみ　まな　まり　まあ
りゆ　りみ　りな　りま　りり
りあ
あゆ　あみ　あり

【3音】

ゆみな　ゆなみ　ゆりあ　ゆあな　ゆあり　ゆまり
みゆな　みまり　みなゆ　みゆあ　みりな
なゆり　なみり　なりみ
まゆみ　まなみ　まりあ　まゆあ　まゆな　まゆり

1　人の名前がモノを言う

まあな　まあみ　まみあ
りゆあ　りあな
あゆみ　あみゆ　あゆな　あみり　あみな　あまな
あまみ　あゆり　ありみ

　上記にざっと書き出しただけで2～3音の女性名が60通り以上もできました。面白いことに、なぜかこれらを使って音を組み合わせても「あな」とか「あなり」「あま」「なま」「なまり」などの名前は避けられるようです。穴、尼、生、鉛など、イメージさせるものが女の子の名としてはしっくりこないからでしょう。

　もちろんこれら6音を含まない女性の名前も多くあり（私は自分の娘にはこれら6音のない名前をあえて付けましたが）これらの音が1音も入っていない名前の方が珍しいほど、これら6音は人気のある女性名に使われている音です。

　女性の名付けは、たいていは名字の音の数とのバランスも考慮に入れて行われます。名字が「森」とか「岸」「阿部」など2音なら、大半の女性に3音の名が付けられます。私のクラスの学生では、名字が3～4音の約6割の女子学生に2音の名前が付けられていました。そして名字が5音を越えると2音の名前が付けられるケースがほとんどでした。かつては「女の子はお嫁に行って名字が変わるから」と、娘の名前を将来どんな名字になってもしっくりとくる無難なものにしたこともありましたが、現代では女性だからといってお嫁に行くとか、名字が変わる人ばかりではないため、生まれた時の名字を念頭に置いて名付けをする人が多いようです。

男性は漢字＋添え字、女性は2〜3音の組み合わせで名前を考えることが多いと指摘しました。もちろん、性別によってこの方法が最も良いということはなく、最近では男児でも音の響きを優先させて名付けが行われることもあります。例えば私の子どもが生まれた2010（平成22）年前後には「り」の音が流行し、「りお」「りん」「りく」「りおと」「りひと」という名前の男の子が多くいます。女児では漢字の「音」を使う名付けが多く、「花音（かのん／かおん／かお）」「真音（まのん／まさね／まお）」「鈴音（すずね／りお／りね）」「心音（ここね／しお）」といった、多様な読み方を充てた名前が付けられる傾向にありました。

● 表記にうるさく、読みに甘い日本の人名ルール

　人名には使える字と使うことのできない字があります。漢字は、常用漢字と人名用漢字が使えます。2010（平成22）年4月に文化審議会国語分科会の漢字小委員会が新常用漢字を発表、これまで1945字だった常用漢字から5字削除して、新たに196字を足し、計2136字を使うことができるようになりました。そのほかにも、戸籍法施行規則には人名に使える常用漢字以外の漢字で、980字余りあります。意外なことに「弥」や「那」などは、これまで常用漢字以外の漢字でしたが、2010年から常用漢字に加えられました。

　人名には、漢数字「一、二、三」や「壱、弐、参」も使えますが、アラビア数字「1、2、3」やローマ数字「Ⅰ、Ⅱ、Ⅲ」などを使うことはできません。またアルファベットの名前も使うことが禁止されています。外国人風の名前を付ける場合

1　人の名前がモノを言う

は、カタカナか漢字で表記しなければいけません。また、「★」「♥」「？」といった記号を使うこともできません。私の友人で、女の子に「？（はてな）」と付けようか冗談で考えた人がいましたが、役所で受け付けてもらえないので別の名前にしたと言っていました。

　日本の法律では、使える漢字や表記についての規定がありますが、その反面、文字の読みについては制限がありません。「星」と書いて「きらら」とか「ひかる」などと読ませてもいいのです。最近では、「海」と書いて「まりん」、「心」と書いて「はあと」と読ませる名前もあるそうです。日本語は、古くからある和語に中国からきた漢字を当てて読む習慣があるため、漢字の読みのバリエーションには柔軟に対応できます。「土産」と書いて「みやげ」と読んだり、「七夕」と書いて「たなばた」、「大和」で「やまと」、「弥生」で「やよい」などです。人名の場合、例えば「七夕」と読むのだから、「七」と書いて「たな」と読めるはずと判断することは危険です。必ず漢和辞典などで読み方の候補を調べる必要があります。また、「海月」で「みつき」と読ませようとしても、海月には「くらげ」という読み方がありますので、将来「くらげちゃん」と言われてしまう可能性も。同様に「心太」を「しんた」として名付けようとしたら、祖父母に「ところてん」と読まれて考え直したという笑い話も聞きました。このような漢字の使い方も国語辞書で調べてから人名に採用したいところです。

　佐藤稔『読みにくい名前はなぜ増えたか』（2007年、p.12-13）には、名前の読み方が"乱れる"ことで、こんな懸念が示されています。

私自身は、人の名前を正確に読み、口にすることが、ある意味で常識だと考えてきた。相手に適切な敬語を用いて良好な関係を維持する言語行動と、一面似ていなくもない、とも。しかし、現実には読みにくい名前、どう読めばよいか途方に暮れる名前がある。しかも、年々その数は増えているように感じている。名前として何が問題なのか？おそらく、漢字表記とそれによって導き出されるはずの読み方との関係が、ふだんの漢字教育で身につけたものと乖離していることに原因があるのではないかとも感じている。(中略)文化の問題として名づけと漢字の用い方を、現在こそ、もっと深く考える必要があると強く感じているからである。

　人名では「私の名前はこのように読んでください」と指定（名乗り）をすることができますが、その場合は逐一ふりがなが必要になりますので、生涯にわたってその手間を惜しまない覚悟を持つことが親子ともに大切です。この漢字なら「こう読めるはず」という思い込みは強くしない方がいいでしょう。ふりがな必須の難読人名を付ける場合は、字画にふりがなを含めた画数も考慮しても良いかもしれません。
　もう一つ、現代で重要になってくる人名表記の要素は、パソコンや携帯電話で入力する際、変換がしやすいかどうかということです。めったに使わない字を人名に使うと変換候補になかなか表示されないばかりか、当て字としてその字を使うと、多くの人にとって音読みも訓読みも不確かになり、名簿などを第三者が作る場合などに手間がかかります。例えば「椛」の字を

使う名前を入力する場合、どのように変換候補を呼び出しますか？「楓」は「もみじ」「かば」と読みますが「かえで」の意味もあり、人名では「楓子（かこ）」のように「か」と読ませる名前が稀にあります。しかし、普段の生活で使う機会は少なく、変換には「かば」と入れて候補を出すといったコツを要する字の一つです。

● **区別するための名前、意味を持たせる名前**

では、あらためて考えてみます。なぜ私たちには一人ひとり名前が必要なのでしょうか。名前がなかったら、どんなことになるでしょうか。個人情報の扱いにますます神経を尖らせなければいけない今日、いっそのこと名前など付けずに国民の背番号のようなものだけを付けて暮らすことはできないのでしょうか。

大学では、学生の呼び出しをする際、個人の名を出すことはせず、代わりに10桁を超える学籍番号で掲示を出します。学生同士はごく親しい友人の学籍番号は知っているかもしれませんが、ほとんどの場合、本人だけわかって他人にはわからないようになっています。もし個人名が掲示されていれば、誰かが「お前の名前、出ていたぞ」と教えることはできますが、学籍番号だけだとこういった伝言は難しくなります。自分が呼び出されていることに気づくまでは、掲示は無意味な数字列を示しているだけになるのです。

このように学籍番号だけで個人を特定することを、「名称のコード化」と呼びます。病院や銀行の待合室で、個人の名前ではなく番号札で呼ぶのも、名称のコード化です。その場で引い

た番号札の番号や、たまたま与えられた学籍番号は、他者と区別するために便宜的に用いられるものであり、病院や銀行で用が済んでしまった後には意味のない数字列と化してしまいます。もし、一人ひとりに名前を付けず、コード化した数字列だけを与えたとしたら、私たちの存在は認知されにくくなり、日常生活は無味乾燥なものになってしまうでしょう。

そこで人や物には名前を付ける必要が出てきます。名前の最も基本的な機能は、他の人や物と区別することにあります。兄弟が多かった時代には、子どもの名前をいちいち考えるのが面倒だからという理由で、男の子にはナンバリングして「太郎、次郎、三郎……」と名付けたこともあったかもしれません。また、女の子の名前には生まれた年の干支にちなんで「ウシ、トラ、タツ」と名付ける親も少なくなかったと聞きます。しかし、現代においては、我々は他者と区別するために名前を付けられます。自分の親兄弟と全く同じ名前を付けることはしませんし、親戚や友人の子どもの名と重ならないように別の名前を考えます。

例えば、男の子の名前を考える父親がいたとします。兄弟を区別するためだけに名前を付けるのであれば長男は「太郎」、その弟は「後太郎」、その弟は「続々太郎」でも構わないということになってしまいます。それではあまりにもかわいそう、ということで、父親は人名としてふさわしい意味を込めた名前を考えました。長男には健康に育ってほしいので「健太郎」と名付け、次男には優しい子に育ってほしいので「優次郎」、三男にはおおらかに育ってほしいので「大三郎」と付けました。こうすることによって、単に兄弟間の区別をするだけでなく、

漢字1字に良い意味を込めて子どもの成長を願えるようになったのです。

　ところが、健太郎君が小学校に行くと、クラスに同じ名前の児童がほかに二人もいました。そのため、よくほかの子と間違われて不便な思いをした健太郎君は、20年後、「自分の息子にはほかにはいないユニークな名前を付けたい」と強く思うようになりました。その念願叶って、自分の息子には「閃光」と書いて「らいと」と読ませる名前を付けました。鋭い光を放つ子になってほしいという思いを強く込めたのです。確かにこのような名前を持つ子どもはほとんどいませんので、健太郎パパは満足顔です。しかし、当の閃光君にとっては苦労の連続。正しく名前を読んでくれる人は皆無、名前を書くたびにふりがなをふり、初対面の人には「お名前何と読めばいいのですか？」と聞かれることに悩まされ続けます。

　この例からわかるように、人の名前を付ける際、私たちには踏まなくてはいけない三つのステップがあります。

　ステップ①：他者と区別する機能を持つもの
　　↓
　ステップ②：名前として良い意味を持つもの
　　↓
　ステップ③：名前としての個性を持つもの

　これら三つのステップは、①が達成されたら②、そして②が達成されたら③というように段階を踏んで進んでいかなくてはいけません。

1990年代に、東京都昭島市で生まれた男児の名前を「悪魔（あくま）」として届け出ようとした両親が、市役所で出生届けの受理を拒否されるという出来事がありました。この名前は他者と区別でき、個性は十二分にあるのですが、ステップ①から②を飛び越え、③へと達してしまったために生じてしまった極端な名付けの出来事です。上記の閃光君の名前は、これほど大きな問題ではないにせよ、いちいち読みがなをふったり、名前の説明や訂正をしたりする労力が生涯にわたって多大なことから、個性の代償は小さくないと言えるでしょう。人名は、良い意味を持つものを前提として、その範囲で個性を発揮できる余地を持たせることが大切なのです。

　ちなみに、かつて乳児死亡率が高かったモンゴルには、悪霊が我が子に興味を持って命を奪い去っていかないように、わざと変な名前で呼ぶ風習が、今でも残っているそうです。例えば可愛く聡明な男の子に「ブス娘」君や「糞ったれ」君と幼名を付けたり、悪霊に無視されるように「名無し」ちゃん「誰も知らない」ちゃんと名付けたりする人もいるのだそうです。

● **平凡な人名を巧みに利用した商品や広告**

　個人の名前はできるだけ他者と区別して個性を発揮したい反面、平凡な名字を利用して生まれたヒット商品や広告もあります。

　1980年代に発売されたエスビー食品のスナック菓子に「鈴木くん」（チョッピリしお味）と「佐藤くん」（ほんのりチーズ味）というものがありました。この商品のネーミングをする時、開発担当者は「名字が鈴木と佐藤の人たちは日本に350万人以

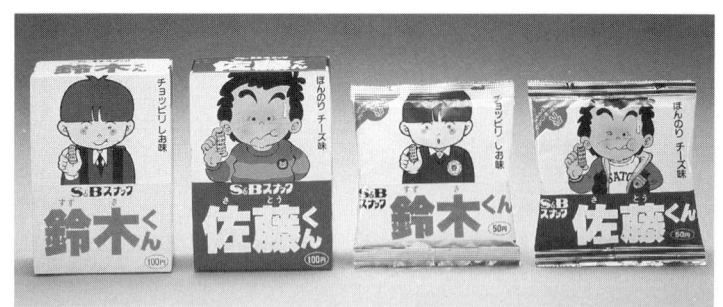

Ｓ＆Ｂスナック「鈴木くん」と「佐藤くん」。写真提供：エスビー食品株式会社

上。彼らが一箱ずつ購入してくれるだけで大ヒット間違いなし！」と思ったそうです。その思惑は的中し、全国の鈴木さんと佐藤さん以外の名字の人たちもこのスナックを購入して、当時のよく売れた商品となりました。

　安田輝男『あのネーミングはすごかった！』（2003年、p.26）では、このエスビー食品の「鈴木くん」と「佐藤くん」の商品名の妙に触れ、「具体的な名前（人名・地名・会社名など）の話となると、人は特別の関心を寄せます。その名前が具体的で身近であればあるほど注目されます。そんな人間の心理をついて、効果的なネーミングが開発されました。」と絶賛しています。

　最近では、高橋書店が発売する手帳の広告のコピーにも、具体的かつ平凡な名前を活かした工夫がされています。「『4月になったら私も高橋よ』と彼女は言った。」は、多くの人の印象に残った広告ですが、この台詞をちょっと目にしただけでは、女性が4月に高橋さんという男性と結婚して名字が変わることを言っているように解釈されます。しかし、手帳を売っている高橋書店が広告主だと気づけば、なるほど「4月になったら私

も高橋書店の手帳よ」という意味だということがわかります。ちなみに高橋は、鈴木、佐藤に次いで日本では3番目に多い名字です。手帳は高橋——メジャーな名前の書店だからこそ成せるレトリックです。

　一般性の高い名前——どこにでもありそうな名前——は、共感を呼ぶ効果があります。どこにでもいそうな人の名前を目にしたり耳にすることで、「これは自分にも当てはまることなのではないか」「私のすぐ隣にいる人なのではないか」という気持ちにさせられるのです。

　2007（平成19）年にヒットしたCMに、リクルート社の就職応援サイト「リクナビ」の「山田悠子の就職活動」という作品があります。通常、テレビコマーシャルは15秒か30秒かで作りますが、これは90秒の前後編2本の作品で、深夜番組の間で4回だけ放映されました。ちょっとドジな山田悠子という女子大生が一念発起して就職活動を始め、リクナビに登録し、苦労を重ねながら就職活動が終わるまでを描いています。わずか180秒のCM作品ではありますが、前編で明るい笑いを取り、後編でキュンと感動させるというお約束の展開で、今でも

リクナビ　山田悠子の就職活動。画像提供：株式会社リクルート

インターネットの動画サイトで繰り返し視聴されている名作です。

「このCMを見ると、辛い就職活動の励みになる」とか「このCMを見て転職頑張ろう」といった書き込みがされていたり、ブログやネットのコミュニティで話題になっていることからも、この作品が多くの人の心を捉えていることが伝わってきます。

このCMがヒットした背景には、山田悠子という"ありがち"な名前の女性を登場させたことが大きな役割を果たしていると言えます。山田という名字も悠子という名も、どこにでもいそうな存在。だからこそ就職活動に励む自分自身に重ね合わせたり、自分の息子や娘に近い存在だと捉えたり、リクルートスーツを着て目の前の座席に座っている人のことではないか、と親近感を覚えたりすることができるのです。仮に、このCMのタイトルが「豪徳寺麗華の就職活動」だったら、たとえ登場するキャラクターが非常に親近感を抱かせる人物であったとしても、自分とは遠い世界の人のように感じられると思います。豪徳寺さんと一緒に就職活動を頑張ろう、ぜひ豪徳寺さんを応援したいという気持ちは、山田さんに比べれば、おそらく弱くなってしまうことでしょう。豪徳寺という名字の珍しさやその響きや字数から、彼女をCMに起用するなら贅沢で高価格の商品、リッチな消費生活を提案するような役割を演じてもらうのがよいでしょう。

テレビCMでは、できるだけ多くの視聴者の共感を得なければメッセージが伝わりませんので、登場人物の名付けは作品の重要なポイントになりうるのです。

同様に資格試験を取るための通信講座（ユーキャン）のCMでは「山本ミカ」という女性が登場します。これもどこにでもいそうな30歳前後の女性の名前です。演じるのは人気女優の菅野美穂さんですが、CMで山本ミカと名乗ることで、見る人たちは自分に引き寄せてCMを見ることができる仕掛けがあるのです。

人名は、自分が子どもに付ける時にはできるだけユニークなものに、他人の名前に触れる時にはできるだけ平凡なものであってほしいと思う傾向が出ていると言えるでしょう。

● 有名人の名前をもじった農機具がヒット

福岡県うきは市に筑水キャニコムという会社があります。1948（昭和23）年創業で、従業員は200人程度ですので決して大企業ではありませんが、有名人の名前をもじったユニークな商品名で注目されています。

筑水キャニコムは、主に農業機械を製造しています。普通、農業機械といえばネーミングに凝らなくても、性能が良ければニーズに応えられるはずですが、この会社では一度聞いたら忘れ難い名前を商品に付けて、インパクトを狙っています。

この会社の主力商品の名前は「草刈機MASAO」（1997年に商標登録、現在は存続期間満了のため権利消滅）。同じ福岡県出身の俳優・草刈正雄さんを彷彿とさせるネーミングです。発案者はほかならぬ社長（当時）の包行均さんで、朝の髭剃り中に一瞬でひらめいた名前なのだそうです。この草刈り機がヒット商品となり、同社では「MASAO」ブランドを展開、姉妹品に「1000 MASAO（せん まさお）」（2005年に商標登録）が登場しています。

北国の春を思い起こさせる粋なネーミングです。

それに続いて、「Bush Cutter George and Bush Cutter George Jr.」（2005年に商標登録）という名前の剪定用農機具も販売中。アメリカの歴代大統領親子の名前を巧く利用した、国際的にもウケそうなネーミングです。その路線を継いで「運搬車ヒラリー」もお目見え。こちらは立ち乗りタイプの平台運搬車です。事実、この会社の製品は世界約30ヵ国で販売、売り上げの4割が海外向け商品なので、国際ウケするネーミングも視野に入れていると言えるでしょう。

我々の笑いを誘うのは「草なぎ・たおし」（2001年に商標登録）という草刈り機のネーミング。男性アイドルグループのメンバーのことを思い出さずにはいられない名称です。

友利昴『へんな商標？2』（2010年、p.103）では、

> この商標が成功したポイントは、特に記号の『・（ナカグロ）』にあると思うのだ。もしこの商標にナカグロがなければ、つまり単に「草なぎたおし」という構成から成る商標であれば、文意からして誰もが『草、なぎたおし』との発音で読み流してしまうことだろう。そうすると草彅剛のパロディとしては成立し難い。」

と、細部にまでネーミングの工夫が施されていることを絶賛しています。

さらに筑水キャニコムでは、「いつ伝・どこ伝　伝導よしみ」という名の製品も開発。これは緊急時や災害時に活躍する発電機付きの運搬車です。電気が必要な時、その場所まで発電機を

運ぶのは重労働。そんな緊急時にライフラインを確保するために発電機付きエンジンと運搬が一つになったのが「伝導よしみ」です。もともとは、台風の多い九州でのニーズに応えるために開発されましたが、2011（平成23）年、東日本大震災の大規模停電の際に注目されました。「伝導よしみ」は某有名女性歌手を連想させるので、一度耳にしたら忘れることができません。その証拠に、「伝導よしみ」は2006年日刊工業新聞主催、第17回読者が選ぶネーミング大賞ビジネス部門で第4位に入賞を果たしています。

　包行社長（当時）曰く「覚えてもらうための広告戦略。費用もかからない」[1]とのこと。確かに、どんな農機具かを説明しなくても、有名人のネームバリューにヒントを得たネーミングによって、農機具を購入する機会のない人にも名称を浸透させることができます。そしてもちろん、機械を必要とした時、真っ先に筑水キャニコムの製品を思い出すことができるのです。ユーモアのある人名をもじったネーミングは、大きなビジネスチャンスを生む、企業の重要なツールとなります。

［注］
1）『読売新聞』2009（平成21）年11月16日の記事「中小エクセレントカンパニー」より。

② 名前の音と表記がモノを言う

● **グリコの「P音ネーミング」戦略**

　商品名の音も、広告同様、商品を売るための重要な役割を果たしています。例として、グリコ社の商品を見てみましょう。グリコの主力商品には、「ポッキー」「プリッツ」「プッチンプリン」「パピコ」「ポスカム」「パキッツ」「パナップ」「プレミオ（アイス）」などがあります。これらは一様にパ行の音、すなわちP音で始まるネーミングが多くあることにお気づきでしょうか。それらの頻度は高く、偶然付けられた名前というよりも、何か戦略に則って考えられたように見えます。グリコのP音が入った商品名をテーマに、言語の音が消費者にどのような効果を与えるのかを考えてみましょう。

　まずはグリコのネーミング戦略を探るために、P音を声に出してみます。パピプペポ、パピプペポ……。この時、私たちは上下の唇を軽く合わせる動作を繰り返して音を出しています。これは、お菓子をポリポリ食べる時の口の動きに似ています。グリコの商品には、大きな口を開けてガッツリ食べるようなタイプのお菓子よりも、ポッキーやプリッツのように唇や口元で歯切れを楽しむ、気軽につまみたいスナック系のものが多くあります。これらを口にする際、私たちは口の前面、唇や前歯を

● Ｐ音の効果を利用したグリコ商品のネーミング例

ポッキー 　　　　　　　　プリッツ 　　　　　　　カプリコ

パキッツ 　　　　　　　　アーモンド・ピーク

使って咀嚼します。これがＰ音を出す動作に通じるのです。

　「ポッキー」はチョコレートのかかったプレッツェルをポキッと食べるから「ポッキー」、「プリッツ」はプレッツェルに由来する名前でもあり、食べた時の「プツッ」とした音とも関係があるように感じるので、個々の名前も覚えやすくなっています。つまり、メーカーが積極的にＰ音をネーミングに入れることによって、商品名を口にしたり耳にしたりするたびに、消費者にお菓子を口先で咀嚼する動作を潜在的に思い起こさせる工夫をしているのです。

　このような、音から受けるイメージや潜在的意識の操作を「音象（sound impression）」と呼びます。言葉の音には、それを

2　名前の音と表記がモノを言う

使う人が発声器官で感じる、共通の印象や効果があることを指します。

● **飲み込む「ん」、味わう「ろ」**

　そういえば、「とろけるプリン」や「とろけるシュークリーム」「とろけるティラミス」などの、ネーミングに「とろける」が付いたスイーツ商品をコンビニやスーパーなどでよく見かけます。「とろけるプリン」は食べてみたいけど、「とけるプリン」なら、あまり食べたいとは思いません。それはなぜなのでしょうか。

　「とける」という言葉には、氷や雪が解ける、砂糖が溶けるといったように、もともとゴツゴツしていたりサラサラしていた個体が温度や湿気によって融解するという意味があります。もし商品に「とけるプリン」という名前が付いていたら、私たちは凍っているような固いプリンを想像し、冷蔵庫から出してしばらくするとゆるんでしまうような印象を受けます。それに対して「とろけるプリン」というと、もともと柔らかく、スプーンですくうことはできるものの、それを舌にのせると、またたくまに口の中でほどけて甘さが広がるような美味しさを喚起させます。

　「とける」と「とろける」は、「ろ」1音の有無だけではありますが、商品名にすると全く異なる効果を発揮します。その理由は、「ろ」を発している時の舌の動きを再現してみるとわかります。「ろろろろろ」と言ってみましょう。すると舌先が一度上あごに当たり、少し移動させながら、濃厚で柔らかいものを味わう時の動きをしていることを体験できます。これが舌に

プリンをのせた時の疑似体験をさせてくれる効果があり、私たちは商品名を見た時に引きつけられるのです。商品名を目にした時、私たちは知らず知らずのうちに「ろ」の文字を頭の中で発していて、それが自分のプリンを美味しく味わう姿を想像させる仕組みになっています。

スイーツ以外にも、「とろとろのチーズのピザ」や「ほろりと崩れる牛肉の煮込み」「とろふわメレンゲ仕立ての白身魚」「まろやか豆乳シチュー」といった料理名などにも、「ろ」の音象が活かされています。

口中での音の出し方を疑似体験させてネーミングを印象付ける商品ジャンルは、ほかにもあります。例えば胃腸薬や風邪薬、栄養ドリンク剤のネーミングには「ン」で終わるものが多くあります。「パンシロン」「パブロン」「キャベジン」「ジキニン」「アリナミン」「リポビタン」「リゲイン」などがよく知ら

● ヒトの口腔断面図

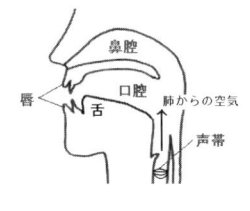

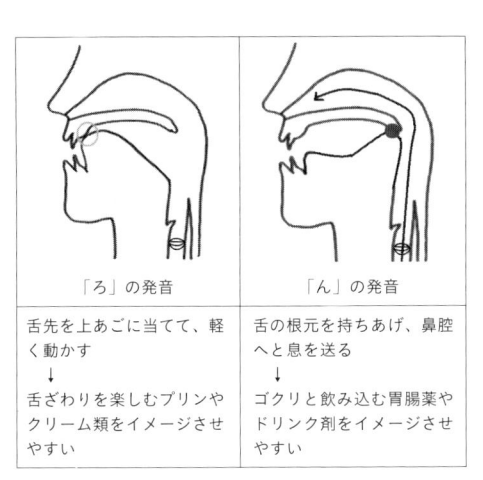

「ろ」の発音	「ん」の発音
舌先を上あごに当てて、軽く動かす ↓ 舌ざわりを楽しむプリンやクリーム類をイメージさせやすい	舌の根元を持ちあげ、鼻腔へと息を送る ↓ ゴクリと飲み込む胃腸薬やドリンク剤をイメージさせやすい

れていますが、これらは舌の奥で飲み込む動作をするようにして発する「ン」音の効果を利用しています。薬や栄養ドリンク剤は、基本的に味わって飲むものではありませんので、ゴクリと飲みきる商品の特徴を「ン」を入れることで潜在的に印象付けているのです。

● **なぜ男性は濁音が好き？**

　ガ行やダ行、バ行といった、いわゆる濁点の付く音は、濁音と呼ばれます。濁音は、口の中での粗い食感を楽しむものに付けられます。例えば歯ごたえを楽しむスナック菓子では「オー**ザ**ック」「とん**が**りコーン」「**ド**リトス」「じゃ**が**りこ」「ジャ**ガ**ベー」「ジャ**ガ**ッツ」などの濁音を入れたネーミングが多く見られます。言うまでもなく、我々は商品名にある濁音を発することで、口の中でボリボリとスナック菓子を食べる動作をイメージしています。

　もちろん、口に入れるもの以外にも濁音を好む商品ジャンルがあります。それは、男性をターゲットにした化粧品や髭剃り（シェーバー）の市場。例を集めてみますと、男性化粧品では、マンダムの男性化粧品ブランド「**ギャッビー**」、資生堂「アウスレー**ゼ**」や「GERAID（ジェレイド）」などが挙げられます。いずれも濁音が入っています。髭剃りの商品では、日立がロータリーシリーズの機種に応じて「カサノ**バ**」「**ジ**ーソー**ド**」「レイ**ザ**ック」「エクステー**ジ**」といったネーミングを行い、S-BLADE（エス-**ブ**レイド）シリーズも展開しています。パナソニックは「ラム**ダ**ッシュ」、三洋電機は「T-SOLI**D**」などのネーミングでシェーバーを発売しており、いずれも商品名に一つ

か二つの濁音を入れています。髭をジョリジョリ剃る感覚を再現していると同時に、男性が女性よりも濁音を好む傾向があることを利用しています。岩永嘉弘『絶対売れる！ネーミングの成功法則』(2002年、p.164) では、「「d・g・j・v・z」などは、いわゆる濁音と呼ばれるグループで、特に「d」と「g」と「z」は、特に男性的で重量感のある音」としていますし、黒川伊保子『怪獣の名はなぜガギグゲゴなのか』(2004年、p.135) では、「濁音は、とにもかくにも、「オトコ子ども」の好きな音。昔から怪獣の名前と漫画雑誌の名前は濁音が成功するといわれて久しい」と言いきっています。

　なぜ男性は濁音を好むのでしょうか？　その最大の理由は、発音するのにエネルギーが必要な音だからです。濁らない音、すなわち清音を発する時、私たちの声帯は激しくは振動していませんし、肺から出る息は強く圧迫しなくても音を出すポイントまで届きます。試しに「た」と「だ」を口に出してみてください。同じ口の形をして出すことができますが、「た」を出すのにはそれほどエネルギーを必要としない一方、「だ」となると息を舌先と上あごのところで留めて、声帯を大きく震わせて

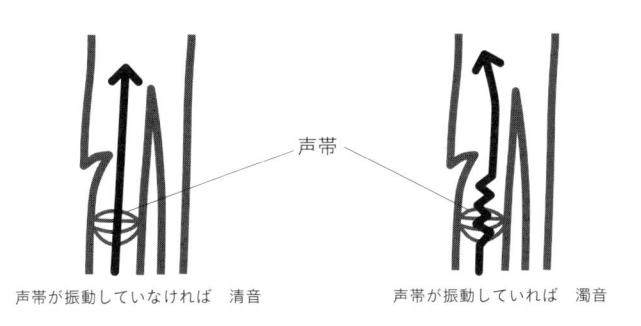

声帯が振動していなければ　清音　　　声帯が振動していれば　濁音

出す必要があります。

　清音と濁音がどのように発せられるかを模式図にしたのが前ページの図です。声帯が振動していなければ清音、振動していれば濁音になります。濁音は、音を出す時に清音よりもエネルギーを必要とし、そのため、耳にした時に力強い印象を与えます。

　タレントやレスラーなどが「ワンツースリー、ダー！」とか「気合いダ、気合いダー！」と「だ」の音を伸ばしたフレーズを使って気迫を表に出すことがありますが、これは音声によるエネルギーの放出を儀式的に大げさに行っていると言えます。

● **戦隊シリーズ、濁音のネーミング率 94％！**

　エネルギーが必要な音、力強く響く音を含むネーミングは昔から男性・男児に好まれてきました。その好例として、1975（昭和50）年から放送が始まったスーパー戦隊シリーズの戦隊名に含まれる濁音の数を見てみると、次表のようになりました。

　歴代戦隊は現在までに 34 隊登場していますが、それらを濁音の有無と数で見てみると、圧倒的に濁音ありの名前が付けられています。36 年以上も続く人気長寿シリーズですが、清音のみの戦隊は「フラッシュマン」（1986年放送）と「マスクマン」（1987年放送）の二つだけです。いずれも、あまり人々の印象に残っている作品ではないかもしれません。

　戦隊名として最も好まれるのは濁音を二つ含む名前、典型的には「濁音一つ」＋「ジャー」の組み合わせです。幼い頃から自動車や重機、電車の玩具で遊びながら「ブーブー」「ブーバ

● 歴代戦隊名に含まれる濁音の分類

	濁音なし	濁音一つ	濁音二つ	濁音三つ
歴代戦隊名	フラッシュマン	ダイナマン	ゴレンジャー	ゴーグルファイブ
	マスクマン	バイオマン	バトルフィーバー	ゴーゴーファイブ
		チェンジマン	デンジマン	
		ライブマン	サンバルカン	
		ファイブマン	ターボレンジャー	
		ジェットマン	ジュウレンジャー	
		カクレンジャー	ダイレンジャー	
		オーレンジャー	メガレンジャー	
		カーレンジャー	ギンガマン	
		タイムレンジャー	ガオレンジャー	
		ハリケンジャー	アバレンジャー	
			デカレンジャー	
			マジレンジャー	
			ボウケンジャー	
			ゲキレンジャー	
			ゴーオンジャー	
			ゴセイジャー	
			シンケンジャー	
			ゴーカイジャー	
計34隊	2隊	11隊	19隊	2隊
濁音を含む率	32／34隊＝94.1%			

「〇〇戦隊」の部分の名称は除いた。放送年代順。

ン」「ガッタンゴー」などの擬音語を発しながら育っている男の子は、濁音があることを好みます。

　前述の黒川（2004年、p.136）でも、「男の子が好む特撮モノやアニメも濁音でいっぱいだ。ゴジラ、ガメラ、ピグモン、カネゴン、ガンダム、デビルマン等々。」と、男児・男性向けの作品に登場するキャラクターも濁音入りの名前が好まれることを指摘しています。確かに、キングギドラ、バルタン星人、ゴモラなどには濁音が入っていますし、機動戦士ガンダムの作品

には濁音の人物やモビルスーツの名称が数多く登場します。悪役の名前に濁音が多く登場する傾向もあるため、「ジオン軍」「デスラー」などの名前を聞いただけで、その登場人物が悪役かどうかの予想もできるほどです。それだけ濁音の持つ重々しさ、多大なエネルギーから生み出されるインパクトや存在感は大きいと言えるでしょう。

● **紙おむつに共通するネーミングの特徴**

　ある特定のターゲット（商品を買ってもらいたいと企業が狙いを定める消費者群）に効くネーミングは、ほかにもあります。乳幼児用の紙おむつ商品名には、共通して好まれる音の傾向が見られます。例を見てみますと、P&G社から発売されている「パンパース」、これにはP音が二つとN音が入っています。花王から発売されているのは「メリーズ」で、これにはM音が入っています。ユニ・チャームからは「ムーニー」（テープタイプ）と「ムーニーマン」（パンツタイプ）があり、こちらはMN音が重なります。同様にパンツタイプには「マミーポコ」というブランドがあり、こちらにはM音二つとP音一つが含まれます。

　加えて、これらのおむつには、例えば「ムーニー」にはムーニーマンとくまのプーさん、マミーポコにはミッキーマウスがそれぞれキャラクターとしてデザインされています。言うまでもなく、M音やP音が含まれている面々です。

　大人用のおむつには「アテント」「リリーフ」「ライフリー」「テーナ」「アクティ」などがありますが、F音やT音が好まれていて、子ども用おむつとはネーミングの点で一線を画しています。

そういえば、かつては資生堂から「ピンポンパンツ」、エルモア社から「ミミーママ」、クレシア社から「パンピー」という名前の紙おむつが発売されていました。これらの名前もＰ音やＭ音がたくさん入っているのが特徴です。
　このように、子ども用おむつの商品名やキャラクター名には、Ｐ音やＭ音、Ｎ音といった上下の唇を破裂させて出す音が好まれます。その理由は、まだ言葉を十分に操れない赤ちゃんは、周りの大人の唇の動きを見て言語音を捉えるからです。Ｐ音やＭ音には、視覚的な効果もあると言えます。
　赤ちゃんにとって大切な人やモノを指す「ママ」「パパ」「マンマ」「パイパイ」といった言葉は、すべて両唇を使って出し

紙おむつのネーミングには、子どもを引きつける工夫がいっぱい！

2　名前の音と表記がモノを言う　　035

ます。「ン」も、口を閉じて出す有声音ですので、赤ちゃん自身が頻繁に出している音で親しみがあります。したがって、P音、M音、N音は、赤ちゃんにとっては他の音と比較して習得が早い音なのです[1]。

　おばあちゃんを呼ぶ「ババ」や「バアバ」は比較的早い段階で言える子どもが多い一方、「ジジ」や「ジイジ」はなかなか口にしてくれないと嘆くおじいちゃん方がいらっしゃいます。それもそのはず。「バ」は両唇を使って出す音ですので、赤ちゃんにとって目で見てもわかりやすく、自分でも発音しやすいのです。それに対し、「ジ」の音は唇を使って出さないため、たとえ「ジ」の音を耳にしていたとしても、口の中でどのような形を作ってこの音を出しているのかが赤ちゃんにはわかりにくく、発音に至る時期が遅くなるのです。ですので、おじいちゃん方は決して悲観することなく、気長にお孫さんの言葉の発達、特に習得する音の数が増えるのを見守っていてください。そのうちきっと「ジ」の音がきれいに出せる日がやってきます。

　話を紙おむつのネーミングに戻しましょう。比較的最近登場したブランドにネピア社の「GENKI！」があります。これには唇を使わないG音が入っていて、先述したセオリーとは異なる商品名です。しかし、パッケージを見ると大きくアンパンマンのデザインが施されています。お気づきのように、「アンパンマン」にはN音三つとP音、M音が含まれています。おむつを替える際に「アンパンマンだね」と話しかけることで、子どもに関心を持たせる工夫がされています。ちなみに、エリエール社から「GOO.N」（グーン）という商品が販売されています。

こちらもG音とN音の構成ですが、有名キャラクターは見当たりません。今後、ひょっとしたらG音とN音が新たな子ども用おむつ商品のネーミングのトレンドとなるかもしれません。

● 寄せては返す「長いネーミング」と「短いネーミング」の波

　音だけでなく、商品のネーミングには使われている文字数や文字の配列も影響します。ネーミングには短いものと長いものがありますが、長いネーミングの商品がヒットする土壌には、時代によって波があるようです。

　1980年代には、キャッチコピーを思わせるような長いネーミングの商品がありました。例えば、明星食品から発売されたカップ麺のシリーズ名は「青春という名のラーメン」。三つの味があり、「純情コーン」「胸騒ぎチャーシュー」「誘惑ベジタブル」というネーミングで、若者を引きつけました。歯磨き粉ではライオンの「透明のジェルのデュエットライオン」がヒットしました。バスボンの「恋コロン　髪にもコロン　ヘアコロンシャンプー／リンス」はラベルの半分を商品名が占め、「恋コロン」と略されつつ、多くの愛用者を獲得しました。

　安田輝男『あのネーミングはすごかった！』(2003年)では、「恋コロン　髪にもコロン　ヘアコロン」の部分が五七五調であることを指摘し、「ネーミングとキャッチフレーズの機能を兼ね備えたコミュニケーション効率のよいネーミング＝広告コピー」(p.66)と述べています。藤村正宏『売れる！伝わる！ネーミング』(2007年)で言われているように、長い名前の商品はパッケージで自己PRや広告を積極的にしていることになります。

2　名前の音と表記がモノを言う

しかし、長い名前のブームにも陰りが見られ、その反動で今度は短い商品名が多く登場します。1990年代には、「ラ王」「スパ王」といった日清食品のインスタント麺や、ナショナルの大型テレビ「画王（がおう）」などの、「＋王」で2〜3文字となるネーミングが流行しました。しかし字数が限られているため、ネーミングのバリエーションもそれほど付けることができず、時代はまた長い名前を好み始めます。

　2000年代には、カネボウフーズ「甘栗むいちゃいました」、ポッカ「じっくりコトコト煮込んだスープ（インスタントスープ）」、小学館『世界の中心で、愛をさけぶ』（書籍）、光文社『さおだけ屋はなぜ潰れないのか』（書籍）などの長い名前の商品が、軒並みヒット。そうなると、その長い商品名から略称が生まれ、「甘栗むいちゃいました」は「ちゃい栗」、『世界の中心で、愛をさけぶ』は「セカチュー」、『さおだけ屋はなぜ潰れないのか』は「さおだけ屋」などと呼ばれました。

　ブルボン小林『ぐっとくる題名』（2006年、p.182）では、『さおだけ屋はなぜ潰れないのか』のタイトルについて、「素朴な疑問を散文的につぶやく形式」を取っており、「これまで『副題』的だったフレーズがメインタイトルに、主題だった言葉が副題に、入れ替わっている」と指摘しています。言われてみれば、『さおだけ屋〜』の副題は"身近な疑問からはじめる会計学"。メインと比べるとかなり地味なタイトルです。

　記憶に新しい2010（平成22）年は『もし高校野球の女子マネージャーがドラッガーの「マネジメント」を読んだら』（書籍）がヒットしました。ブルボン小林が前掲書で「こういった実用書の世界では、ヒットすれば追随する題名も、同じノリにな

る。」（p.182）と述べている通り、「もしドラ」と略されテレビ化・映画化されるにつれて、「もし〇〇が〜したら」の雛型タイトルを冠した"あやかり"書籍も多数発売されました。

　例を挙げると、『もし独身 OL が「脱サラ不動産投資」に本気で取り組んだら』、『もし松下幸之助とドラッガーがマネジメントで勝負をしたら？』、『もし ONE PIECE ファンの女子大生が起業したら』、『コトラーが教えてくれたこと　女子大生バンドが実践したマーケティング』など。覚えるのが不可能なほどのロングタイトルが、ずらりと書店に並びました。

　斎藤孝『売れる！ネーミング発想塾』（2005年、p.70）は長い商品名を好意的に受け止め、「競合商品の多い世界だけに、長文化によって差別化を図ろうという姿がうかがえる」、「文章としてけっして読みやすいわけではない」が「売り手側の"熱意"を感じさせる」と言っています。しかし、『もしドラ』現象に見られるように、同じ雛型にはまった長い名前だらけになってしまうと、かえって競合商品の中に埋没してしまい、差別化を図ることができなくなる危険もあります。それどころか、売り手の熱意が、安易な"あやかり"とも解釈されてしまいますので、本当に良い商品を売りたいと考えるのであれば、商品名やタイトルの長さのトレンドの一歩先を読む洞察・工夫が必要になるでしょう。

● **宮崎駿監督作品名の「の」の効果**

　前章で、特定の機能や特徴を持った商品のネーミングにはターゲットとする消費者を引きつける音の工夫が施されていることを検証しました。音以外にも、文字の配列で見る人の視線を

引き寄せる効果も生まれます。その好例がひらがなの「の」の字です。

　アニメ映画ファンの間では知られていることですが、宮崎駿が監督を務めた映画作品のタイトルには必ず「の」が入っています。「の」を軸に、制作年順に並べてみます。

　　ルパン三世　カリオストロ**の**城（1979年）
　　　　　　　　　風**の**谷**の**ナウシカ（1984年）
　　　　　　　　　　天空**の**城ラピュタ（1986年）
　　　　　　　　　　となり**の**トトロ（1988年）
　　　　　　　　　　魔女**の**宅急便（1989年）
　　　　　　　　　　　紅**の**豚（1992年）
　　　　　　　　　　　もののけ姫（1997年）
　　　　　　　　　千と千尋**の**神隠し（2001年）
　　　　　　　　　ハウル**の**動く城（2004年）
　　　　　　　　　崖**の**上**の**ポニョ（2008年）

　宮崎作品のタイトルには、必ず一つか二つの「の」が入っていることが確認できます。岩永嘉弘『すべてはネーミング』（2002年、p.201）では、『千と千尋の神隠し』が訴える名前の重要性に触れ、「宮崎駿は『言葉は力である。千尋の迷い込んだ世界では、言葉を発することは取り返しのつかない重さを持っている。……』とプレスリリースで語っている」点を紹介しています。宮崎監督が意識的に「の」を入れたのかどうかは本人からの説明がないので明確な判断はできませんが、「の」が入っていることにより、そこを中心に観客の目線を吸い寄せる効

果があることは確かです。

　ブルボン小林が『ぐっとくる題名』（2006年、p.16）で「文章に不明な言葉が混じる場合、我々が意味を知る手がかりとするのは、その後に続く助詞や接続詞だ」と解説しているように、一見メインとは思えない「言葉」が、実はタイトルやネーミングの重要な役割を果たすこともあるのです。

　文法的に見ても宮崎作品で使われている「の」は、「もののけ姫」を除き、格助詞で連体格を示す「の」で、名詞の所有、所属、様子などを表す働きがあります。

　宮崎作品のタイトルが示す意味で言えば、「となりのトトロ」は「となりにいるトトロ」ですから、題名は「となりにトトロ」とか「となりはトトロ」として助詞は「に」や「は」でもいいわけです。同様に、「崖の上」にいる「ポニョ」は「崖上にポニョ」としても意味上の大きな違いは出ません。「魔女の宅急便」は魔女が宅配業を営むストーリーですので、「魔女が宅急便」でもいいはずです。また、「千と千尋」が神隠しにあう話は「千と千尋が神隠し」のほうが直球タイトルになりますが、実際は「千と千尋の神隠し」です。

　　となり**に**トトロ　⇒　　となり**の**トトロ
　　魔女**が**宅急便　⇒　　　魔女**の**宅急便
　　崖の上**に**ポニョ　⇒　　崖の上**の**ポニョ
　千と千尋**が**神隠し　⇒　千と千尋**の**神隠し

　これらの題名から言えることは、やはり宮崎駿は意識的であれ無意識的であれ、タイトルに「の」を入れることで、一つ

タイトルの中心に入る「の」の字が目を引くスタジオジブリ作品のポスター

のまとまった名詞句にしようとしたと考えられます。「魔女が宅急便」とか「千と千尋が神隠し」となると、新聞の見出しのようになってしまい、映画のタイトルとしての据わりが悪くなります。つまり、それでは人は読み流してしまい、題名としての捉え方が弱くなってしまうのです。それを避けるために、「の」の効果を巧みに使って作品名をより収斂させ、作品のエッセンスを伝えようとしたと考えられます。

　加えて、宮崎作品の「の」は、タイトルの最初や最後には出てきません。語と語の間に「の」を挟んだり重ねたりすることによって、「の」の部分に見る人の目線が自然と注がれるように計算されています。「の」がちょうつがいのように機能して、タイトル全体をバランス良く捉えさせる効果を狙っているのです。人は「の」を中心に、画面で短時間投影されるタイトルを均等に目にしようとします。「の」の前の語も後の語も同等に重要だと感じるからです。これは"『の』のアイキャッチ効果"と言ってよいでしょう。

● ラーメンのネーミングで一番売れるのはどの表記?

　商品やサービス、施設のネーミングに使える文字や表記は、人名と比較すると非常に自由です。ひらがな、カタカナはもちろん、使える漢字にも常用漢字でなければいけないといった厳しい制限はありませんし、アルファベットや記号、数字なども使うことができます。このような自由がある中で、どのように最も良い表記を選ぶことができるでしょうか。

　例えば、あるラーメン屋で味噌味のラーメンを売り出すことになったとしましょう。メニューに表示する時、どの表記が最もいいでしょう？　4種類の文字表記を使うと、いずれも同じ読み方で、下の表のように16のネーミングが考えられます。

　ところが、インターネットでキーワードを検索すると、ラーメンのネーミングに好まれる表記の傾向がわかります。最もオーソドックスな書き方は「味噌ラーメン」。漢字＋カタカナの組み合わせです。続いて、ひらがな＋カタカナの「みそラーメン」という表記が多く、「みそらーめん」もそれに準じて人気があります。「ラーメン」という表記が最もわかりやすく、「らーめん」と書くと和風だしの効いている麺を連想させます。

　漢字だけの「味噌拉麺」は中華料理のように見えて、ラーメン屋ではあまりお客さんを引きつけません。また味噌は「味噌

みそ／らーめん	ひらがな	カタカナ	漢字	ローマ字
ひらがな	みそらーめん	みそラーメン	みそ拉麺	みそ RAMEN
カタカナ	ミソらーめん	ミソラーメン	ミソ拉麺	ミソ RAMEN
漢字	味噌らーめん	味噌ラーメン	味噌拉麺	味噌 RAMEN
ローマ字	MISO らーめん	MISO ラーメン	MISO 拉麺	MISO RAMEN

／みそ」が好まれますが、「ミソ」とカタカナにするのは「ミソが付く」のように汚点を連想させるためか、料理のネーミングではほとんど採用されないようです。藤村正宏『売れる！伝わる！ネーミング』(2007年、p.117) が、「ラーメン業界は、"独自化ネーミング"の見本市」と言っているように、RAMENなどのローマ字書きも、今までにない画期的な新商品や、斬新なインスタント麺に用いるのは歓迎されるでしょう。しかし、普通の飲食店や学生食堂、社員食堂やインターチェンジなどで出されるラーメンのネーミングにはあまり好まれないようです。

　このように、商品の性質、消費者が期待するイメージに合わせるように、ネーミングの表記を柔軟に変える必要があります。漢字が真面目で固い雰囲気を演出するのに対し、ひらがなは柔らかく優しく幼いイメージ、カタカナはシャープで外来語を連想させる効果やオノマトペ（擬音語・擬態語）に適したイメージを持ちます。

● 12億円もの値が付くネーミングの権利

　ネーミングライツという言葉を聞いたことがあるでしょうか？　これは日本語で命名権と訳され、名称を商品として売買する権利のことです。もともとは30年以上前にアメリカ合衆国で広まったもので、主にスポーツ施設や文化施設の建設や運営をする目的で資金を得るための手段として用いられました。施設名にスポンサー企業の社名や商品の名前を付ける権利を売買するのですが、例えば2003（平成15）年に東京都調布市にある「東京スタジアム」が「味の素スタジアム」の名称に変わったケースが日本で最初の命名権の導入だと言われています。5

年間、企業の名前を冠するスタジアムを運営するために味の素社が支払った契約金は12億円。スタジアム側は名前を売り渡す代わりに大きな運営資金を手にし、企業は大きな広告効果を期待できるので、両者にとってメリットがあります。

兵庫県神戸市にある神戸総合運動公園野球場も命名権を導入し、2003（平成15）年4月から2004年12月までは契約総額約2億円で「Yahoo! BB スタジアム」と名称を変更しました。その後、2005年2月から2011年2月までは「スカイマークスタジアム」、2011年2月からは「ほっともっとフィールド神戸」と名前が変遷しています。近年では、日本でも命名権は大きな金銭を伴うビジネスの一つと捉えられるようになっています。

命名権の売却はスポーツ施設にとどまりません。2012（平成24）年には大阪府泉佐野市が市の名称を企業に売る決定を下しました。泉佐野市の人口は約10万人。宅地造成事業の行き詰まりや地方債の発行などが引き金になり、財政が赤字になったため、2009年度に早期健全化団体に指定されました。

泉佐野市は財政破綻を救う手段の一つとして、市の命名権の売却に着手しました。希望契約期間は1年から5年で、国内外の企業から広く募集したうえで、ネーミングの契約額も企業から提示してもらうシステムです。香川県が「うどん県」に"改名"して愛称を付けたケースがありますが、泉佐野市では愛称の命名権も売却の対象とするそうです。

施設の名称とは異なり、自治体が自らの名を売ることは前例がなく、市民からは様々な意見が寄せられていると聞きます。泉佐野市では、苦しい財政を救済するための苦肉の策だと位置付けていますが、住み慣れた土地の名称が企業の広告の手段と

して変わってしまうのには、抵抗感があって当然だと思います。その一方、泉佐野市・泉南市・田尻町の2市1町にまたがって関西空港があるため、空港を利用する国内外の人たちにとっては、企業名の入った市が誕生することにはメリットがあるとする考えもあります。

　スポーツ施設や文化施設の場合、命名権を買ったスポンサー企業には一定の広告効果が期待でき、従業員の福利厚生にも施設を利用できるといったメリットがあります。さらに、試合の放送権料や施設内に展開されるレストランやショップからの収入も得られるうえ、自社のイベントに施設を使うこともできるので、積極的に名乗りを上げる企業が少なくありません。それに対し、自治体の名称は漠然とした価値しか得られないおそれがあるため、安定した財源を確保するには、名前を買った企業に明確な利益や福利厚生を約束する方法を提示する必要があるでしょう。今後、泉佐野市の名前にどんな評価が下るのか、見守りたいと思います。

● 「きゃりーぱみゅぱみゅ」の芸名に見る、音が創る世界観

　奇抜な衣装やメイクで人気のモデルで歌手の「きゃりーぱみゅぱみゅ」さん。彼女の芸名はちょっと聞いただけでは覚えられないほどの長さですが、この名に含まれる音のカラクリがひとたび分かれば、忘れることができないユニークなものであることが理解できます。

　驚くなかれ「きゃりーぱみゅぱみゅ」という芸名は省略形。彼女は「きゃろらいん　ちゃろんぷろっぷ　きゃりーぱみゅぱみゅ」という目の回るような、"フルネーム"を持っています。

本人曰く、「かわいいと思う言葉をいっぱい詰めて」付けた名前だとのこと。ひらがな書きで、濁音を一つも含まないこの長い芸名を分析すると、彼女独特の世界観と、世の女の子たちが引きつけられる要素が何であるか知ることができます。

　まず、「きゃろらいん ちゃろんぷろっぷ きゃりーぱみゅぱみゅ」の音の並びで目立つのは、「きゃ」「ちゃ」「みゅ」といったイ音で始まる拗音が入っていることです。「きゃ」は「きゃろらいん」と「きゃりー」で二つ、「ちゃ」は「ちゃろん」、「みゅ」は「ぱみゅぱみゅ」で二つ。計五つも拗音が含まれています。拗音はいずれもイ音を含む音から成る性質がありますので、唯一の長音「きゃりー」の「りー」のイ音との調和も取れています。

　さらに「ぷろっぷ」の部分には「ぷ」が二つ、「ぱみゅぱみゅ」にも「ぱ」が二つあり、合わせてＰ音が四つ入っています。Ｐ音は、日本人の人名の語頭にはこない音ですので、Ｐ音の入った人名は非日本的な響きを感じさせる効果を持っています。

　そして、「きゃろらいん」「ちゃろんぷろっぷ」の部分には「ろ」が３つと、「ん」が二つ入っていることにも気が付きます。本書第２章の「とろけるプリン」の商品名の魅力を分析したくだり（p.28-29）を思い出してください。「ろ」の音を出す時には、私たちは舌の先を上あごに当て、少しスライドさせます。これは、プリンのように甘くて濃厚なものを味わう時の動きに似ています。一方、「ん」は飲み薬やドリンク剤の名前にしばしば採用され、効能を期待してゴクリとのどを鳴らして飲み込む様子を再体験する音です。この「ろ」と「ん」の二つの

音が相乗効果を生んで、彼女の愛らしくて濃いメイク、日本人離れした髪や目の色、そして奇抜なファッションを思い起こさせるだけでなく、それを個性や刺激として自らの中に受け入れようとする世間の姿勢を助長する働きを持つのです。

　きゃりーぱみゅぱみゅ自身、このような個々の音が持つ性質や、同じ音を繰り返すことによって得られる刷り込み効果をおそらく本能的に知っているのでしょう。その証拠に彼女の曲のタイトルに、「CANDY CANDY」「ちゃんちゃかちゃんちゃん」「きゃりーANAN」といった拗音やＮ音を重ねたものや、「PONPONPON」「ぱみゅぱみゅレボリューション」などのＰ音を繰り返すもの、「つけまつける」などの頭韻を踏んだものが多くあります。

　彼女の世界観は、清音から成る拗音や語頭のＰ音の繰り返しによって表現されるため、我々はこのパターンの音の並びを耳にするたびに、「おそらくこのタイトルは、きゃりーぱみゅぱみゅの作品ではないか」とある程度の察しがつくようになるのです。このような音による刷り込み効果は、芸能活動する際に大きなメリットとして発揮されます。

● 「くりぃむしちゅー」や「AKB48」の名前が売れる理由

　芸能人の名前は、表記のバリエーションが広いジャンルです。ひらがな、カタカナ、漢字はもちろん、ローマ字や数字も用いられます。例えば、歌手の宇多田ヒカルさんは、本名は宇多田光です。しかし「光」をカタカナ書きにすることで、アーティスティックな雰囲気を演出しています。同様に西野カナさんの本名は西野加奈子。「子」を取って「カナ」と記すことで、

やはりアーティスティックな雰囲気を持つ名前にしています。俳優のオダギリジョーさんは、本名は小田切譲ですが、「譲」が「ゆずる」と読まれることを避けるためにカタカナ書きにしているそうです。カタカナ書きにする場合、新聞のテレビ欄の限られたスペースに入りきる字数にすることも重要です。

　名前をひらがなにすると、可愛らしさや柔らかさ、親しみやすさなどをイメージさせやすくなります。バンドの「いきものがかり」が仮に「生き物係」だったら、本当の係の担当者のようで、これほどまでに聴く人の共感を呼ぶヒットを生めなかったでしょう。シンガーソングライターの「たむらぱん」さんは本名が田村歩美ですが、名字に「ラパン（フランス語でウサギ）」を組み合わせ、ひらがなで「たむらぱん」と命名してソロ活動を行っています。これも「田村パン」と書いたら、製パン業だと思われてしまいそうですね。ほかにも、お笑いコンビの「くりぃむしちゅー」はかつて「海砂利水魚」と名乗っていましたが、「くりぃむしちゅー」に改名したことで一層親しみやすくなり、人気も出ました。これが「クリィムシチュー」とカタカナ書きにしていたら、気取った感じになり、お笑いコンビとしての立ち位置がわかりにくかったことでしょう。

　最近流行著しいのは、アルファベットの頭文字表記によるユニット名です。「空気が読めない」をKYと言うことが流行っていた2005（平成17）年頃からネーミングに使われ始め、秋葉原でライブを行っていた女性アイドルグループが「AKB48」と名乗って人気が爆発したことで、2000年代後半から頻繁にネーミングに使われるようになりました。姉妹ユニットと呼ばれるグループも同じ方法で名付けられ、名古屋市栄で活躍

するユニットは「SKE48」、大阪難波のユニットは「NMB48」、福岡博多は「HKT48」と、地名に入る子音3字を頭文字化して48を付けています。海外でもインドネシアのジャカルタに「JKT48」、台湾の台北に「TPE48」など、姉妹ユニットが続々が誕生しています。

　大文字のアルファベットを長めの名称の頭文字として記号的に使ったり、数字を付けることで5文字のユニット名に多くの情報を盛り込むと、限られたスペースや時間で効率よくプロモーションを行うことができます。その効果を狙って、最近ではネーミングだけでなく自動車のCMで低燃費をアピールするために「TNP」と表記したり、スーパーの価格安のセールを「KKY」と謳う"あやかり"広告も目白押しです。

　しかし、この名前の法則がどんなPRにも通用するかというと、必ずしもそういうわけではないようです。2012（平成24）年の1月に、内閣府が自殺対策強化月間のキャッチフレーズを発表しました。それによると、採用されたのは「あなたもGKB47宣言！」というもの。悩みを抱える人に声をかけて支援する人のことを「ゲートキーパー」と言いますが、それを略してGKとし、さらに「ベーシック」のBに都道府県数の47を加えて「GKB47」としたのだそうです。しかし、自殺という深刻な問題に対し、アイドルグループをイメージさせるアルファベットと数字列のネーミングを使うという発想に、世間の非難が集中。また、「ゲートキーパーベーシック」の意味がわかりにくく、一般的に浸透しないのではないかという懸念も多く聞かれました。若い人たちからはGKBは「ゴキブリみたいだ」といった意見や、「ベーシックなら『B49』」の語呂合わ

せの方が良いといった指摘も相次ぎ、前途多難なようです。

　AKB48の名称がどこまで派生するのか、今後も注目しましょう。

[注]
1) 窪薗晴夫『ネーミングの言語学』(開拓社、2008年、p.108-110)では、(a) 2音節語が多い、(b) 3〜4モーラの長さが多い、(c) 反復形が多い、(d) 語頭にアクセントがくる(高低……となる)、の4点を日本語の幼児語における言語特徴として挙げている。

③
消費者を引きつける商品のネーミング

● **名前にモノを言わせた桃屋の「食べるラー油」**

　ここまで、人の名前の付け方や一般性の高い名前の商品や広告における効果について見てきました。では、肝心の商品の名前そのものにはどのような秘密が隠されているのでしょうか。最近ヒットした「食べるラー油」を例に考えてみましょう。

　"食べラー"と略されるまでになった「食べるラー油」。そのブームの火付け役になったのは桃屋の商品だと言われています。もし、私たちが商品名など一切気にしないで買い物をするなら、桃屋はこの商品の名前をただの「ラー油」にしたはずです。漫画やＮＨＫの料理番組などに登場する場合は、下の表の

● 一見矛盾を含む商品名が、消費者の好奇心をくすぐりファンを増大させた

①名称のみ表示する	②商品の特徴を入れる	③ターゲットの拡大を狙う	④情報量を増やす	実際の商品名
ラー油	具入りラー油	辛そうで辛くないラー油	辛そうで辛くない具入りラー油	桃屋の辛そうで辛くない少し辛いラー油

①のように名称のみの表示で構いません。しかし、このラー油はこれまでにない具が入っているラー油であることを消費者に知ってほしいはず。そこで、②のように「ラー油」に「具入り」を足してみます。その一方で、ラー油は辛いというイメージが強く、辛いものが得意でない人にも裾野を広げてこの商品を食べてもらいたいとメーカーが考えたとしましょう。こうして、③のように「ラー油」に「辛そうで辛くない」というフレーズを添えてみることに。それに、先ほどの「具入り」の文字を加えて、商品名は、④の「辛そうで辛くない具入りラー油」となりました。すべての情報が盛り込まれている欲張ったネーミングで、これでOKのように思われます。

　しかし、「辛そうで辛くない具入りラー油」の名前だと「結局は辛くないラー油なんだ」というメッセージになってしまい、本来の開発意図からは少し外れてしまうおそれがあります。桃屋は「ごはんですよ！」とか「お父さんがんばって！」というユニークな商品名を付けることで知られている会社。そこで思いきった作戦に出ました。「辛そうで辛くない」に、「少し辛い」という言葉を足したのです。「辛そうで辛くない　少し辛いラー油」となると、消費者は「辛いのか辛くないのか、どっちやねん！」とラベルに思わず突っ込みを入れたくなります。そして、この商品が気になってネットで検索したり、実際にスーパーの棚などで手に取って商品に触れたい衝動に駆られます。

　「具入り」という言葉をわざわざ入れなくても、長い名前で多様な具がラー油の中に入っていることを想像させる効果もあり、消費者は面白がって商品を購入、その味にも魅了されクチ

売り場でひときわ目立つ "矛盾ある" ネーミング

コミで広がっていきました。岩永嘉弘『絶対売れる！ネーミングの成功法則』(2002年、p.122)で言うところの「パッケージの広告化」の成功例です。桃屋には「ごはんですよ！」(1973年発売)や「お父さんがんばって！」(1979年発売)といった、ユニークな名前の海苔佃煮を発売してきた歴史があり、このように消費者の好奇心をくすぐる仕掛けを作ったことで、個性あふれる新たなヒット商品を生むことができたのです。

● **ネーミングはわかりやすく、忘れにくく**
    ──小林製薬の商品名パターン

商品のネーミングには字数制限はありませんので、メーカーは長い名前を自由に付けることができます。しかし、「素材厳選さっくりとろりんの幸せこだわりシュークリーム」のよう

に、どの商品にも付けられる可能性の高い平凡な語を長々と羅列すると、消費者に覚えてもらう機会が減り、略称も付けにくいため、名前の与えるインパクトが弱くなってしまいます。

　その点、小林製薬の商品の名前は個性的でわかりやすく、適度な長さで、一度耳にしたら忘れさせない工夫が施されています。テレビCMでも冒頭の「あっ、小林製薬」のフレーズ（サウンドロゴ）で注意を引き、内臓脂肪が気になる人には「ナイシトール」、お腹の張りを抑える整腸剤は「ガスピタン」、あせものかゆみを抑える「アセモア」、高ぶった神経を落ち着かせる「イララック」などを消費者の脳裏に刷り込んでいきます。発熱時や寝苦しい夜用の「熱さまシート」のわかりやすさも、安田輝男『あのネーミングはすごかった！』（2003年、p.78）の中で絶賛されています。

　小林製薬の強みは、ちょっと駄洒落を思わせる一見ベタとも言えるネーミングを付け、一度耳にしたり目にしたりしたら、消費者の記憶に深く刻まれるような仕組みをうまく作っていることです。ドラッグストアでは多種多様の商品が並べられていますが、いったん商品名を覚えてもらえれば、消費者は「そろそろ『ナイシトール』を買おうかな」とか「『熱さまシート』を切らしてしまった」と、商品を決めて来店してくれます。インパクトのある個性的な商品名はそれだけで広告としての役割も果たし、効率の良い販売戦略が展開できるのです。

　小林製薬のネーミングへの熱の入れようはよく知られています。毎年30種類以上発売される新商品のネーミングは社員一丸となって候補案を出し（時には100以上も集まることも！）、最終的には小林豊社長自らが商品名を決定する"社内公募制"を

採っています。競合する他社製品に打ち勝つように、常にネーミングは、①覚えやすく、②リズム感があり、③1秒でわかること、という3本の柱を軸に考えられているのです。

数年前に私が担当した商品名ゼミでは、試しに、小林製薬の商品名だけを書いた紙を20枚ほど見せ、それが何の商品かを当てるクイズをやりましたが、商品そのものを知らなくても7割前後の正解率となりました。商品名のおかげで、それが何に使われるどんなものなのかを推測することができたのです。その点でも、小林製薬のネーミングは上記3条件を満たし、かつ商品の情報を過不足なく含んでいる秀逸なものであり、だからこそライバル会社も小林製薬を意識したネーミングをせざるを得ない市場になっていると言えます。例えばライオンからは「冷えピタ」、Hisamitsuからは「デコデコクール」、タック化成からは「熱とりタックん冷却シート」といった具合です。

【取る・無くす・止める】

思わず手に取ってしまう小林製薬の商品ネーミング例を集めてみると、あるパターンのあることがわかります。最も多いのが、「トラブル」に「トール／ノン／ナイン／ピタン」といった「取る／無くす／止める」の意味を連想させる語を付け、カタカナ表記にしたネーミング方法。消費者は商品名を見れば、自分の抱えているトラブルが緩和されることを即座にイメージすることができます。

　ナイシ**トール**：内蔵脂肪が多く、便秘がちな人向けの飲み薬。

ドルチ**トール**：血中コレステロールを減らして血液をサラサラにする内服薬。
　アット**ノン**：色のある傷跡や盛り上がる傷跡を目立たなくする塗り薬。
　ズッキ**ノン**ａ軟膏：頭痛や肩凝りを治す塗り薬。
　チク**ナイン**：蓄膿症や慢性鼻炎を改善する内服薬。
　ガス**ピタン**：ガスだまりによるお腹の張りに効く内服薬。
　カゼ**ピタン**：鼻づまりやくしゃみなどの緩和用に胸に塗る／貼る改善薬。
　ナリ**ピタン**：耳鳴りを緩和する内服薬。

【手入れする・治療する・緩和する】
　次に用いられるパターンは、「ケア／キュア」などの手入れをしたり治療をしたりする意味を持つ語を、トラブルに付してネーミングする例です。息をケアする「ブレスケア」、さかむけをケアする「サカムケア」、こむらがえりをケアする「コムレケア」、むくみを治す「ムクミキュア」など、何をケアする効果のある商品なのかが一目でわかる秀逸なネーミングが並びます。また、肩凝りをほぐす「コリホグス」や、しびれを楽にする「シビラック」なども、駄洒落だと知りつつも消費者が一度聞いたら決して忘れなさそうな、ベタで計算されたネーミングだと言えるでしょう。

　ブレス**ケア**：臭いの気になる飲食後のお口と息をリフレッシュするタブレット。
　サカム**ケア**：手指のあかぎれやさかむけに塗って固める薬。

コムレケア：足がつる時、痛みやこわばりを治す飲み薬。

ムクミキュア：足のむくみを和らげる弾性ハイソックス。

コリホグス：筋肉を弛緩させ、肩凝りを緩和する内服薬。

シビラック：手足のしびれや神経痛に効く錠剤。

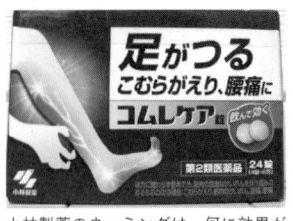

小林製薬のネーミングは、何に効果がある商品かが一目でわかる

【症状やトラブル部位を駄洒落で示す】

　小林製薬が最も得意とするのは、トラブルのある身体部位や慢性的な症状を緩和する薬剤のネーミングです。膀胱炎には「ボーコレン」、吹き出物には「フキディア」、血にファイトをもっと加えるには「ファイチ」、あせもには「アセモア」、男性のデリケートなかゆみには「ムズメン」、鼻の穴には「ハナノア」。これらも駄洒落で、クスっとしてしまう笑いを誘われながらも、一度見聞きした消費者の頭の中から離れないほどのインパクトがあります。ドラッグストアに行ったら、まずその商品を手にしそうです。

ボーコレン：膀胱炎の排尿痛や残尿感を抑える飲み薬。

フキディア：大人の女性のための吹き出物治療薬。

ファイチ：貧血対策に、血液中のヘモグロビンを作る改善薬。

ムズメン：股間や内股、下着の擦れなどによるかゆみを和ら

げる、男性用の軟膏。
アセモア：あせもを抑えるパウダースプレー。
ハナノア：鼻の奥の花粉や菌まで洗浄できる鼻うがい剤。

　加えて、身体のどの部分にどのように使用する薬剤なのかを造語にして印象付けるネーミングも、多数見られます。のどに塗る「のどぬ〜る」、鼻を爽快にさせる「鼻スースースティック」、かかとをツルツルに整える「なめらかかと」、ポリッシュ（磨く）して爪の輝きを出す「爪ピカッシュ」などは、身体部位が商品名の前半分を構成し、もう半分で使用方法や効果を的確に示しています。
　やけどでアチチ！となったら「アッチQQ」で応急措置、傷ができたら泡状の「キズアワワ」で消毒、シミができたら「ケシミン」で消す、といったように子どもでも親しみやすい商品の使用場面や効能をネーミングで表現しています。これは、商品のパッケージの裏面や、中の説明書をいちいち取り出して読まなくても、消費者は基本的な商品の性質をネーミングから知ることができます。家庭の薬箱などに並べられた時にも迷わず取り出すことができ、とても便利です。

【使用部位／場面と効果を駄洒落風の造語にして示す】
のどぬ〜る：ヨウ素成分でのどを殺菌・消毒する薬。
鼻スースースティック：ムズムズ鼻をすっきりさせるメントールスティック。
なめら**かかと**：荒れたり割れたりするかかとをしっとりさせるケアシート。

爪ピカッシュ：爪のお手入れをする磨き用シート。
アッチQQ：やけどをした時の救急冷却と治療をするスプレー。
キズアワワ：傷口を泡で洗浄し、消毒するスプレー。
ケシミン：顔にできやすいシミ対策の医薬部外品シリーズ。化粧水やクリームなどがある。

このように、小林製薬は社員一丸となって、消費者の印象に残り、使用場面や部位が瞬時にわかる薬剤のネーミングを日々考案し続けています。購入してからも家庭で商品の名前が活用できれば、次に買い足す時にも小林製薬の商品を必ず買いたくなるでしょう。

● **高級感を演出する万能語「プレミアム」**

ここ数年、多くの商品やサービスに使われている、消費者を引きつける言葉があります。それは「プレミアム」。これが商品名に付くと、高級で特別な価値を持つものをイメージさせる効果があります。ちょっと前までは市場で「セレブ」や「ゴールド」「ゴールデン」という言葉がよく使われていましたが、最近では「プレミアム」に取って代わられています。

飲み物では「プレミアムモルツ」（サントリー）や「ザ・プレミアムカルピス」（カルピス）、「プレミアムロールケーキ」（ローソン）、「プレミアムローストコーヒー」（マクドナルド）などがあります。いずれも定番商品をグレードをアップさせたものの名前で、ラベルにも高級感を感じさせるゴールドがあしらわれていることが多いです。テレビでも、「BSプレミアム」

(NHK)、「土曜プレミアム」(フジテレビ)など、豪華なラインナップやクリアな画質・音質を誇る番組に「プレミアム」を冠することが増えました。「プレミアムな夜」とか「プレミアムな味わい」といった形容詞としても、キャッチコピーに頻繁に登場します。

「セブンプレミアム」(セブン-イレブン)や「プレミアム」(ヤマザキナビスコのクラッカー)などは、取り立てて高級とか特別ということではありませんが(セブンプレミアムは一般メーカー商品よりは割安のラインナップ)、「プレミアム」を名前の一部に入れることで、消費者に価値ある商品であることをアピールしています。

このほかにも、洋菓子店に行けば、普段よりちょっと良い材料で作った「プレミアムシュークリーム」や「プレミアムショートケーキ」が置いてあったり、会費が高めに設定されている会員を「プレミアムメンバー」と呼ぶクラブがあったり、高級外車を扱う「プレミアムレンタカー」というサービスまであります。この先もプレミアムの流行が続けば、上位難関校を狙う「プレミアム学習塾」や、幻の醤油を塗った「プレミアム煎餅」、高級野菜が並ぶ「プレミアム八百屋」なども誕生するかもしれません。

英語の"premium"は、もともとはラテン語"praemium"から発した語で、利益や報酬という意味。現代英語では、何かに対する賞、割増金、保険の掛け金などを表す名詞です。主要な国語辞書には、割増金の意味で入場券や記念硬貨・切手などで、売り出した価格に割増金が発生することを指して「プレミア付きチケット」のように使うと書かれています。興味深いこ

とに、「高級な」とか「特別な」とかという意味と形容詞的な用法は、割増金という意味から派生して生まれた新しいもののようです。割増金の意味が、"より付加価値のあるもの"から"ちょっと高級感のあるもの"へと派生したのです。「プレミア」ではなく「プレミアム」と「ム」を加えることでカタカナ語を1音長くし、高級感を演出しようとしています。

その点で言えば、JRAが開催している「JRAプレミアムレース」は、通常の払戻金に売り上げの5％相当を上乗せして払戻しするというもの。本来の割増金を表す「プレミアム」の意味で使っています。

●「113グラムバーガー」では誰も食べない？「クォーターパウンダー」

例えば、マクドナルドで販売されている「クォーターパウンダー」。名前を聞くと、どれくらいボリュームのあるハンバーガーなのだろうかと想像力をかきたてられます。

商品の名前そのものは「4分の1（quarter）」と重さの「1ポンド（pound）」に由来し、「4分の1ポンドのもの」の意味です。日本ではヤード・ポンド制による重さが一般的には使われていないため、実際どれくらいの重量なのかピンとこない人が多いかもしれませんが、1ポンドは約453.6グラム。つまり、4分の1ポンドは113.4グラムを指しているに過ぎません。だからといって、これをもし「113gバーガー」のような名前で販売したら、商品は売れるでしょうか。おそらくパテの重さが具体的過ぎて、食指が伸びる人は少なかったことでしょう。

マクドナルドの通常のバーガーのパテが約30グラムだとい

ネーミングの工夫でボリューム感や食感を演出している
マクドナルドの商品

うことを思えば、非常にボリュームのあるハンバーガーではありますが、そのネーミングが一層商品の価値や期待値を高めていると言えます。

　そのほかにも、マクドナルドで人気の「チキンタツタ」は、CH音、K音、T音といった、クランチ感あふれる噛みごたえを想像させる音を重ねたネーミングなので、消費者は商品名を口にするだけでチキンタツタを食べた時の感覚を疑似体験できます。

　加えて、マクドナルドのメニューには、他のファーストフードやファミリーレストランが使うことが多い「絶品」「至極の」「こだわりの」という言葉を冠したものがないことも、商品名だけで勝負している気概を感じさせる効果があると言えます。

● **指名買いさせる男前豆腐店の「ジョニー」**

　ある特定の商品、例えばN社のMという商品を買うために店に足を向けることを"指名買い"と言います。消費者の3割程

3　消費者を引きつける商品のネーミング　　063

度が指名買いをする一方で、残りの７割はお店に行って商品棚や値札を見て購入をその場で決める、いわゆる"出合い頭買い"をするそうです。

　岩永嘉弘『絶対売れる！ネーミングの成功法則』（2002年、p.122）によれば、「スーパーやコンビニで、客が商品を見て判断する時間は二秒以内」であり、さらに藤村正宏『売れる！伝わる！ネーミング』（2007年、p.82）では、「お客さまの注意を引きつけるために、与えられた時間は１秒だけ。」と言われています。1秒、2秒の違いはあれ、いずれにしても出合い頭買いをする場合は特に、消費者は瞬時に購入商品を決めていると言えるでしょう。だからこそ、ネーミングがモノを言うのです。

　指名買いされにくい典型的商品の一つに豆腐があります。消費者は「今日は冷ややっこだから、何か良さそうな絹豆腐を一丁買おう」とか「鍋に入れる木綿豆腐を」と思って豆腐売り場に行きます。そこに売られているのは「なめらか絹ごしどうふ」とか「特選大豆もめん豆腐」、「銘水〇〇でつくった」、「ミネラルたっぷり！天然にがり使用」程度の、型にはまったネーミングやキャッチフレーズの商品。豆腐は毎日の食卓になくてはならないものかもしれませんが、いわば自己主張の弱いジャンルの商品の代表です。売り場でたまたまあった商品に手を伸ばすとか、安売りの豆腐を安易に買ってしまうといったケースがむしろ一般的であり、名前やブランドを意識して購入している消費者はそれほど多くはなかったと思います。「今日の豆腐はどこのメーカーの何という商品ですか？」と聞かれて答えられる人は、あまりいないでしょう。

しかし、男前豆腐店というメーカーがこの市場に新風を巻き起こしたことで、豆腐も指名買いをされる商品になりました。「風に吹かれて豆腐屋ジョニー」を作っている会社だと言えば思い出す人も多いはずです。これは、サーフボード型の容器に濃厚な豆乳で作ったプリンのような甘さのある豆腐。商品名は男前豆腐店の伊藤信吾社長が、若い頃に仲間うちで「ジョニー」と呼ばれていたことに由来するそうです[1]。ネーミングのユニークさで注目され、またたくまにヒット商品となりました。「今日はジョニーを買いにスーパーへ」とか「黒蜜かけて

● 男前豆腐店の個性的な商品ネーミング例

風に吹かれて豆腐屋ジョニー	マサヒロ湯豆腐
男の3連チャン	硬派絹豆腐「徹男」
厚揚げ「銀銀」	オボロドーフ「マブ」
男の納豆	厚揚番長
豆乳入り寄せ豆腐「お嬢」	木綿の優ちゃん
日本列島改造湯豆腐	木綿豆腐 俺好み
おかんの豆腐	厚揚げフジヤマ
やさしくとろけるケンちゃん	京都六角男前上ル

伊藤信吾社長の名を冠した「豆腐屋信吾」

3　消費者を引きつける商品のネーミング

ジョニりました」(濃厚な甘みのある豆腐なのでデザートとしても美味)といった表現も生まれ、豆腐の美味しさに目覚めた若者の間で絶大な支持を得ています。

　安部徹也が『メガヒットの「からくり」』(2008年)の中で、「男前豆腐店が注目されるのはやはりそのユニークなネーミング」(p.169)で、「『風に吹かれて豆腐屋ジョニー』などは一度その名を店頭で見かけると忘れようがありません。」(p.171)と指摘しているように、男前豆腐店のブランディング、商品の認知で最も重要だったのは、商品のネーミングであったことがわかります。

　男前豆腐店がこれまでに発売した商品の名前を見ると、「男の」「番長」「俺好み」といった"男性"性を強く持っているフレーズを入れているのと同時に、豆腐の商品名に「ジョニー」や「マサヒロ」「徹男」「ケンちゃん」といった人の名前を入れ、これまで個性の薄かった豆腐を、強烈な人格を持った食べ物として演出しているものが目立ちます。商品の人気がある程度得られると、今度は「お嬢」「優ちゃん」「おかん」などの女性バージョンの商品名も登場させ、性別の垣根を超えて広く行き渡らせる戦略も取っているところが秀逸です。政治色の濃い「日本列島改造湯豆腐」や住所のような「京都六角男前上ル」も商品名。売り場で思わず手にしてしまいそうです。

　言うまでもなく、男前豆腐店の商品パッケージも個性的で、全体的にバンカラ風の男性的で独創的なイラストやデザインを採用しています。長い商品名が多いので、パッケージには太いフォントの字がぎっしりと並び、それも豆腐売り場での存在感を示すのに一役買っています。

● **受験生が思わず買いたくなる、縁起を担いだネーミング**

　受験シーズンになると、スーパーやコンビニに受験生を応援するお菓子や食品などが多く並びます。これらの商品の多くは、中身は普段のものと同じであるにもかかわらず、ネーミングに一工夫をして消費者（特に受験生やその家族・友人）を引きつけています。ちょっと笑ってしまうような駄洒落も含まれますが、メーカー側の知恵の結晶です。

　代表的なものは、明治の商品。「カール」は受験シーズンには「ウ」を付けて「ウカール」と改名したものが販売されています。また、同社の「ハイレモン」は、「ル」を入れて「ハイレルモン」（入れるもん）に大変身。ともに定番商品でありながら、従来の商品名に1文字足しただけで縁起の良い、消費者を引きつける魅力を持つようになります。

　そのほかにも、東ハト製菓の「キャラメルコーン」は、「カナエルコーン」になります。一見、何をもじっているのかわかりにくいですが、アルファベットで記すと「Caramel」が「Canael」になっています。パッケージも縁起良く赤い招き猫のデザイン。

　ロッテも受験生応援市

受験シーズンには、スーパーに受験生応援商品を売る特設コーナーも

3　消費者を引きつける商品のネーミング　　067

場には積極的に参入していて、チョコレートが入ったプレッツェルの「トッポ Toppo」は、「トッパ Toppa」になります。「o」を「a」に替えただけですが、受験生をぐっと引きつける、縁起の良い名前になりました。定番商品の「キシリトールガム」は、「キシリトール」を「きっちり通る」にしています。噛むと勉強の効率が上がりそうなネーミングです。

　AGFはカフェオレを「勝てオレ」に置き替えてチルドコーヒーを発売。亀田製菓は「柿の種」を「勝ちの種」ともじっています。夜食に欠かせないインスタントラーメンですが、エー

● 受験生を引きつける縁起の良い名前の商品例（2012年春現在）

ウカール（明治） 　　トッパ（ロッテ） 　　うカルピス（カンロ）

森のたまごうかく（イセ食品）

ウカロール（山崎パン）

スコックの「わかめラーメン」が、社名を「英数国」と読ませて「英数国がわかる⁉ラーメン」と商品名を変えて受験生を応援しています。「森のたまご」は「森のたまごうかく」と、最後のスパートをかけるのに栄養満点の卵を推奨しています。山崎パンは「ウカロール」と「受かってクレープ」、サンガリアは「うかっ茶ぅ。」を発売。こんな名前の商品を受験会場の休み時間中に机に出すと、力が湧いてきそうです。「ウ・カルビ」という名のおにぎりや「ソース勝つ味」「とんカツ味」などのスナック菓子も発売されています。

受験生応援商品はこのように毎年目白押しではありますが、いつも目にしている各社の商品も、受験生を応援する縁起の良い言葉を入れてネーミングを一工夫することで、普段の時期よりも受験シーズンに売り上げを伸ばしています。まさにネーミングがモノを言う好例です。

●「ウィンナー食べて目指せWinner!」の名キャッチフレーズ

加えて、商品名に限らず、受験生を応援する言葉をキャッチフレーズとして添えて売り出す商品も多数あります。

最も有名なのはネスレジャパンの「キットカット」でしょう。名前の音が「きっと勝つ」に似ていることから、縁起の良いチョコレート菓子として定着、「キット、サクラサクよ。」のフレーズが添えられ、受験シーズンに大々的に売られています。商品名の「キット」と「きっと」、食べた時の食感「サクサク」を「サクラサク」に置き替えた秀逸なフレーズです。最近では、キットカットを受験生応援郵便として、外箱にメッセージを書いてポストに投函できるバージョンのものも発売され

ています。

　グリコの「ポッキー」は、「ポッキーでキッポー」というフレーズを入れ、「吉報」が届くようにとの願いを込めたパッケージにしています。ロッテ「コアラのマーチ」は、「コアラは寝てても木から落ちないョ!」をアピールし、縁起の良さを伝えています。カルピスは、ホットで飲むための小瓶を発売。そこには企業スローガン（会社のキャッチフレーズ）の「カラダにピース」を思い起こさせる「受カルピース!」の言葉が書かれています。

　ここまで受験応援商品のネーミングを見てきましたが、これらを並べると受験生が引きつけられる意味を持つ語群がどのようなものかがわかります。

・入試での合格を意味する表現
　　合格、受かる、通る、入る、入れる、パス、勝つ、勝利、突破する、
　　落ちない、すべらない
・好結果をイメージさせる表現
　　サクラ咲く、いい予感、ハッピー、ピース、吉報、叶う、とんとん拍子
・勉強する姿勢を応援する表現
　　フレーフレー、勝て、頑張れ、ねばれ、踏ん張れ
・勉強にまつわる縁起の良い表現
　　わかる、解ける、じっくりコツコツ

　最も受験生を引きつけるのは合格を直に意味する表現です。

商品名	メーカー	キャッチフレーズ	受験生を引きつけるフレーズ
ポッキー	グリコ	ポッキーでキッポー	吉報
GABA	グリコ	GABAる受験生に！	頑張る
キットカット	ネスレ日本	キット、サクラサクよ。	サクラ
ウィニー	ニッポンハム	ウィンナーを食べて、目指せWinner!	Winner
コアラのマーチ	ロッテ	コアラは寝てても木から落ちないヨ！	落ちない
カルピス	カルピス	受カルピース！	受かる／ピース
カルピスパーラー伊予柑味	カルピス	がんばる人にいい予感！	頑張るいい予感
ハッピーターン	亀田製菓	きっとあなたにハッピーターン	ハッピー
十勝のむヨーグルト	日清ヨーク	すべてかつ　十勝	勝つ
チョコフレーク	森永製菓	フレーフレー受験生	フレー
ポリンキー	コイケヤ	サクラ サクサク三角とんかつあじ	サクラ／勝つ
勝利のVポテト	コイケヤ	笑顔のハイ！チーズ味	勝利／笑顔
じっくりコトコト煮込んだスープ	ポッカ	じっくりコツコツ勉強！	じっくり／コツコツ
豚カレーうどん	東洋水産	とんとん拍子に合格	とんとん拍子

● 受験生を引きつけるキャッチフレーズを含む商品例

「コアラは寝てても木から落ちないヨ！」
コアラのマーチ（ロッテ）

「とんとん拍子に合格」
豚カレーうどん
（マルちゃん／東洋水産）

「笑顔のハイ！チーズ味」
勝利のVポテト
（コイケヤ）

3　消費者を引きつける商品のネーミング

「合格」は「五角」をもじって五角形の鉛筆や絵馬などの名前によく使われます。「置くとパス」の語呂合わせから、オクトパス（たこ）の置物は30年も前に発売されて以来、根強い人気を呼んでいます。「勝つ」は「トンカツ」や「カツオだし」などになぞらえて、お弁当の具材やうどんつゆの出汁に謳われます。

　桜は誰もが好きなモチーフ。受験生応援商品のパッケージには、桜の花印と合格絵馬が並べてデザインされているものが多くあります。もちろん、ネーミングやキャッチフレーズにおいても「サクラ」という言葉は人を引きつけます。また、「いい予感」は伊予柑味の商品で活躍する表現です。

　このような状況ですので、もしこれから企業が受験生応援商品を開発するなら、例えば五角形の納豆おにぎりを「ねばって合格おにぎり」と名付けたり、39センチ丈の滑り止めの付いたハイソックスを「サクラさく（39）靴下」、伊予柑味のガムのキャッチフレーズを「勘（噛ん）で、いい予感」などにすることができるでしょう。解凍不要の弁当用冷凍具材を「みるみる解けます」とネーミングすれば、きっと受験生の親御さんが試験当日の合格弁当に一品入れてくれるでしょう。

● 音・文字・言葉・意味を柔軟に組み合わせてネーミング

　ここまで、私たち自身の名前や身の回りにある商品のネーミングには、時代に応じて様々なトレンドがあったり、ヒットする商品の名前には意外な音のからくりがあることを見てきました。商品名に忍ばせてある、私たちの潜在意識に訴える効果のある音、例えばちょこっとお菓子が食べたくなるグリコのＰ音

だったり、力強さを求める男性向け商品に入れられた濁音だったり、赤ちゃんにはママパパの音を想起させる唇を使った音など、気が付けば商品の名にはいろいろな戦略が施されています。

　それに加え、「辛そうで辛くない少し辛いラー油」のように、長くて矛盾を含むネーミングが具入りのラー油を連想させる効果を持っていたり、駄洒落風の小林製薬の商品の名前が多大な考察を経て決定している事実は意外に感じられたかもしれません。他方、個性的で長い名前を付けるだけではなく、消費者が市場にあふれる多くの商品の中から自社のものを手に取ってくれるように文字の配列や表記、「クォーターパウンダー」のように言い換えの技法が使われる場合もあります。「プレミアム」は今は商品の価値を高める万能な言葉として重宝されていますが、多用すると消費者に飽きられて"効かなく"なってしまうことも指摘しました。短い名前でも、一度聞いたら忘れない、他の商品と間違われない魅力的な名前を思いつく柔軟性が、ネーミング発想では大切になってきます。

［注］
1）男前豆腐店のブランディング戦略については、伊藤信吾『風に吹かれて豆腐屋ジョニー　実録 男前豆腐店ストーリー』（講談社、2006年）に詳しい。

第2部

「東京スカイツリー」
のネーミング

④ 新タワーのネーミングを考える

● **名称検討委員会のメンバーに**

　さて、ここから少し話題が変わります。この本のサブタイトルにもある「東京スカイツリー」のネーミングがどのように行われたのかを振り返ってみたいと思います。

　「新しく建築されるタワーの名称検討委員になってほしい」との依頼が私のところに舞い込んできたのは、2007（平成19）年の秋。はじめは、新たな電波塔が建設されることを知っている程度で、新タワーの詳細についてはほとんど知識がありませんでした。しかし、いろいろな情報を集めていくうちに、完成したら日本を代表する建築物になることを理解し、強い魅力を感じました。名称検討委員の顔ぶれを聞いて、最初は私など末席に座るのも恐れ多いと思ったのですが、歴史に残る新タワーのネーミングに携わる千載一遇のチャンスだと思い、思いきってお引き受けすることにしました。大学ではネーミングのゼミを開講して様々なモノの名前について考えていましたし、言語学を専門とする立場からも、どんな要素や音の含まれるネーミングが全国の皆さんに支持されるのか、言葉の新たな発見に出合える期待もありました。

　とはいえ、素朴な疑問として「公募で人気の高い名称のトッ

プ5を挙げ、最終投票の多数決で決定するなら、検討委員会なんてわざわざ作る必要はないのでは？」とも思っていました。民主的に決められればそれに越したことはなく、ネットや郵便の応募数を集計すれば機械的に決めることができる単純なネーミング作業のようにも思われたのです。

　これまで「東京スカイツリー」のネーミングについては、経過や各委員の決定に関する感想は紹介されていたものの、名称の意味や音韻的効果といった言語的価値について分析されることはありませんでした。本書では、「東京スカイツリー」が東京の新たなシンボルとなり、これから先、何十年も愛される電波塔であり続けるために、その名称決定までの過程と併せて、ネーミングの背景を整理する必要があると考えています。

● **なぜ「東京スカイツリー」に決まったのか、あらためて考える**

　紹介するまでもありませんが、「東京スカイツリー」は、東京都墨田区押上に建設された634メートルの高さを誇る電波塔で、2012（平成24）年5月22日に開業しました。

　名称が決まったのは開業約4年前の2008（平成20）年6月10日。名称決定に当たって、大まかに三つのステップ（①名称案公募、②名称検討委員会による名称候補選定、③全国投票）を踏みましたが、私は②の名称検討委員会のメンバーの一員に加えて頂きました。まさかそこで、ネーミングの難しさと面白さ、日本人の名称に対する嗜好や細やかさを目の当たりにする貴重な経験をすることになろうとは……。詳細は、後でデータを参照しながら述べることにしましょう。

　①の名称案公募に際して2007（平成19）年秋の募集には1

万8606件の応募、そして2008年春の最終候補投票には11万419票もの投票があり、のべ12万9025人の方が新しいタワーのネーミングに関心を寄せたことになります。これだけ多くの人たちに支えられながら、「自分の提案した名称はどれくらい人気があったのか」といった素朴な好奇心や、「得票数の上位に入らなかったものも含まれる6案の候補（東京EDOタワー、東京スカイツリー、みらいタワー、ゆめみやぐら、Rising East Tower ライジングイーストタワー、ライジングタワー）は、いったいどのような経緯で選ばれたのか」といった疑問に対して、誰もが納得できる説明がされていたとは言い難いでしょう。そして最終決定された「東京スカイツリー」の名称を知り、「なぜ『スカイタワー』ではなく『スカイツリー』と名付けるのか？」と感じた人は多かったに違いありません。

　ネーミング最終候補案を六つに絞るまで、名称検討委員会および事務局では様々なチェックや議論を重ねました。既存のタワーの名前と重複したり酷似したりしていないか、商標に引っ掛からないか、主要な外国語に照らした際に意味や音の響きに不都合が生じないか、アルファベット表記はどうなるか、新時代のタワーにふさわしい言葉は何なのか、といったあらゆる角度からの考察です。2007（平成19）年から2008年にかけて、約13万人のアイディアと投票によって決まった一大ネーミング作業の経緯を振り返ることで、世界のタワーの中における「東京スカイツリー」という名称の魅力を再確認するとともに、決定後の経済効果についても考えてみたいと思います。

　今でこそ「ツリー」とまで略されて定着した「東京スカイツリー」の名称ですが、当時は③の全国投票の対象となった候

補案六つの中から、投票によって僅差で決まったものでした。次点の「東京EDOタワー」や「みらいタワー」、あるいはユニークな「ゆめみやぐら」が採用になっていたかもしれないと思うと、不思議な感じです。

振り返れば「東京タワー」は、日本電波塔の愛称として1958（昭

ネーミング案公募の時点で発表されていた新タワーの外観図。2点とも東武鉄道(株)・東武タワースカイツリー(株)プレス用CD-ROMより

和33）年10月に付けられました。こちらも募集の段階で最多票を得た「昭和塔」や「日本塔」のアイディアは採用されず、ランキング13位から急浮上した「東京タワー」に最終決定したという経緯があります。そのような事実をかんがみると、電波塔のネーミングというものは、付ける準備から定着させるまでの一連の大プロジェクトであると言えるでしょう。

● **国内のタワーのネーミング変遷**

　まず、これまで日本国内に建てられた高層建築物や電波塔の名称をヒントに、新タワーにどのような名称候補案が集まりそうか占ってみましょう。明治時代以降、日本に建てられたタワー類の名称の系譜は、以下のようになっています（竣工年順）。

　1890年：凌雲閣（りょううんかく）（52メートル、東京都浅草）
　1912年：通天閣（つうてんかく）（初代）（75メートル、大阪府大阪市）
　1929年：生駒山上遊園地飛行塔（いこまさんじょうゆうえんちひこうとう）（32メートル、奈良県生駒市）

　五重塔や城に親しんでいるためか、日本では高層建築を建てるのは明治時代から盛んだったようで、古いものは1890（明治23）年に東京の浅草に「凌雲閣」という名前の高さ52メートルの展望塔が建てられました。あいにく関東大震災で倒壊してしまいましたが、「雲を凌える高い建物（閣）」のネーミングは非常にわかりやすく、ロマンチックでさえあります。「天に通じる高い建物」を現す通天閣と命名したのは儒学者・藤原南岳（なんがく）（1842-1920）です。第2次世界大戦で損壊を受けた通天閣は、のちに同名で2代目が再建されることになります。これらはい

ずれも高い建物を表す「閣」を用いています。

1929（昭和4）年には32メートルの生駒山上遊園地飛行塔（奈良県生駒市）が完成。この頃から「塔」の語も名称にお目見えします。

戦後、1953（昭和28）年に日本でテレビ放送が開始されるのと経済成長とが相まって、展望台付きの電波塔が次々と建築されました。1954年に名古屋テレビ塔（180メートル）、1957年にさっぽろテレビ塔（147メートル）が竣工。1956年には通天閣（2代目：103メートル）が、名称はそのままに再建されました。

1954年：名古屋テレビ塔（180メートル、愛知県名古屋市）
1956年：通天閣（2代目）（103メートル、大阪府大阪市）
1957年：さっぽろテレビ塔（147メートル、北海道札幌市）

これ以降、我々が現在馴染みのある「○○タワー」のようなネーミングが主流となります。参考までに完成年順に並べたものが以下です。

1957年：別府タワー（90メートル、大分県別府市）
1958年：東京タワー（333メートル、東京都港区）
1960年：潮岬観光タワー（40メートル、和歌山県串本町）
1961年：横浜マリンタワー（106メートル、神奈川県横浜市）
1963年：神戸ポートタワー（108メートル、兵庫県神戸市）
1964年：東尋坊タワー（55メートル、福井県坂井市）
1964年：京都タワー（131メートル、京都府京都市）
1964年：博多ポートタワー（100メートル、福岡県博多市）

1973年：万代シティレインボータワー（100メートル、新潟県新潟市）
1974年：玄海海中展望塔（20メートル、佐賀県唐津市）
1975年：城山公園展望台（35メートル、鹿児島県霧島市）
1977年：宇和海展望タワー（107メートル、愛媛県愛南町）
1980年：宇都宮タワー（89メートル、栃木県宇都宮市）
1985年：いわきマリンタワー（60メートル、福島県いわき市）
1986年：千葉ポートタワー（125メートル、千葉県千葉市）
1987年：水と緑の館・展望タワー（65メートル、岐阜県海津市）
1988年：プレイパークゴールドタワー（158メートル、香川県宇多津町）
1988年：瀬戸大橋タワー（132メートル、香川県坂出市）
1988年：稲荷山公園コスモタワー（35メートル、長野県佐久市）
1989年：東山スカイタワー（134メートル、愛知県名古屋市）
1989年：福岡タワー（234メートル、福岡県福岡市）
1990年：水戸芸術館タワー（100メートル、茨城県水戸市）
1991年：銚子ポートタワー（58メートル、千葉県銚子市）
1992年：角田市スペースタワー（54メートル、宮城県角田市）

　国内にはこんなにもたくさんの塔があることに驚かされます。主流となるネーミングは「地名+タワー」で、地名や施設名に「ポート」「マリン」「シンボル」「スカイ」「スペース」といった3～4字の英語を由来とするカタカナを入れる型に則るものです。「展望タワー」「展望台」を付ける名称も続きます。不思議なことに、この時代には高さを数字で入れたものはありませんし、これまで使われていた「＋閣」「＋塔」を使ったネ

ーミングも姿を消しています。また、「昭和タワー」とか「日本タワー」「東洋タワー」といった、当時の人々が思いつきそうな名称の塔が存在しないのも意外な感じがします。やはりタワー名は抽象的になりすぎず、ある程度狭い範囲での地名を盛り込んで、その立地を示す必要があるのでしょう。

さて、このような「地名(英語由来)＋タワー」型の全盛時代が35年以上も続くと飽きがくるのか、やがて新しい名称が求められ始めます。

1990年代半ばになると、上記の雛型から外れたネーミングを試みる施設も現れます。

1993年：シンボルタワー未来MiRAi（57メートル、群馬県邑楽町）
1993年：御立岬シンボルタワー（30メートル、熊本県芦北町）
1993年：横浜ランドマークタワー（296メートル、神奈川県横浜市）
1994年：秋田ポートタワー・セリオン（144メートル、秋田県秋田市）
1994年：クロスランドタワー（118メートル、富山県小矢部市）
1995年：ツインアーチ138（138メートル、愛知県一宮市）
1996年：風のまち交流プラザ・トップマスト（30メートル、青森県外ヶ浜町）
1999年：四日市港ポートビル・うみてらす14〔フォーティーン〕（100メートル、三重県四日市市）

1993（平成5）年完成の「シンボルタワー未来MiRAi」は、

タワーの後に二つ「みらい」に相当する語を付けています。特に「MiRAi」の表記はMRAが大文字、iが小文字と、表記が難しい、凝った名称になっています。1994年竣工の「秋田ポートタワー・セリオン」も、「ポートタワー」だけではこれまでの名称パターンを抜けられていませんが、「セリオン Selion」（sea + pavilion からの造語）を添えてしゃれた雰囲気を演出しています。

この頃には、「ランドマークタワー」「クロスランドタワー」のように、従来の「＋タワー」型を採りながら、「ランド」を軸とした2語構成の英語を採用する名称もお目見えしています。

1995（平成7）年に竣工した愛知県一宮市の「ツインアーチ138」は、非「○○タワー」型の名称であるだけでなく、高さを入れている点で当時としては画期的な名称だと言えます。「ツインアーチ」だけでは橋のようでもあり、どんな建築物かを想像するのが難しい面もありますが、数字の「138」を添えれば地名の「1（いちの）3（み）8（や）」に通じますし、これが塔の高さを表していることも伝えられます。青森県外ヶ浜町の「トップマスト」は30メートルの高さしかありませんが、ネーミングは個性的。「マスト」（mast 帆柱）の語から、海沿いに建っていることが想像できます。オランダのロッテルダムにある「ユーロ・マスト」にも通じる、国際色のある名称です。三重県四日市市の「うみてらす14（フォーティーン）」は、14階建ての展望展示室。1997年に開業した東京湾アクアラインのパーキングエリア「海ほたる」を連想させるネーミングです。ただ、「てらす」というと「terrace 台地」の意味があるので、そそり立つ塔や高

層ビルの名称としては少しわかりにくい印象を与えてしまいます。

　1996（平成8）年以降は「＋タワー」型、「＋展望台／展望室」型を踏襲しつつも、地名の入っていないもの、「ゆめ」「みなと」「愛」といった語を盛り込んでイメージアップを図るネーミングが現れます。その一方で、2002年には岩手県二戸市で、地元の盆踊り「なにゃとやら」を由来とする「なにゃーと展望タワー」という名前の展望台が開業しています。二戸広域観光物産センターは「カシオペアプラザ・なにゃーと」と改称しました。ローマ字で「なにゃーと」は「nanyato」となり、外国語話者には読みづらそうです。「なんやと」と読まれる可能性もあるかもしれません。

　2003（平成15）年には紙飛行機を飛ばすためのタワー「とよまつ紙ヒコーキ・タワー」ができました。「紙飛行機」ではなく「紙ヒコーキ」としたところに遊び心が表現され、ネーミングのセンスが光ります。

　1996年：海峡ゆめタワー（153メートル、山口県下関市）
　1996年：倉敷ダム展望タワー（42メートル、沖縄県うるま市）
　1998年：夢みなとタワー（43メートル、鳥取県境港市）
　2001年：古代蓮会館展望室（50メートル、埼玉県行田市）
　2002年：カシオペアメッセ・なにゃーと展望タワー（50メートル）
　2003年：江ノ島展望灯台（60メートル、神奈川県藤沢市）
　2003年：とよまつ紙ヒコーキ・タワー（26メートル、広島県神石高原町〔旧豊松市〕）

2004年：へぐら愛ランドタワー（21メートル、石川県輪島市）
2004年：浜名湖ガーデンパーク展望塔（50メートル、静岡県浜松市）
2006年：五稜郭タワー（107メートル、北海道函館市）
2010年：一支国博物館展望室（26メートル、長崎県壱岐市）

　ここまで、明治時代から2011（平成23）年に至るまでの、日本国内に建設された塔や展望台のネーミングを概観してみました。当初は「＋閣」や「＋塔」の名称が好まれましたが、テレビ放送の開始に従って全国に電波塔が数多く建てられ、それに伴って「地名＋タワー」の名称が定着します。1990年代半ばになって、脱「地名＋タワー」型の名称が現れ、タワーを別のものに置き換えて比喩的に表現したり、「みらい」「ゆめ」「愛」など、意味や表記などでもイメージアップを狙う語を採用する一連の流れがあります。

　しかし、あまりにも奇抜で個性の強い名称だと、外国語話者に読みにくかったり、標記が難しかったりするリスクを伴います。ですから、新しい墨田区のタワーはそういった点を踏まえたうえでの「地名＋読み書きしやすく個性のある名称」が理想的だと言えるでしょう。

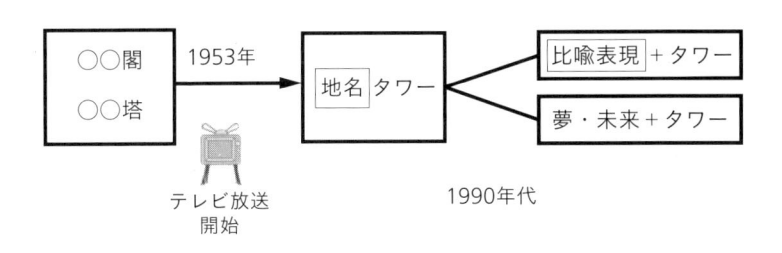

● **世界の主要なタワーの名前**

では、国外に目を転じて、世界の高層タワーの名前にはどのようなものがあるのでしょうか。以下に主要なものを挙げてみました[1]。

◆世界の主要タワーの名前（竣工年順▷高層ビルを含む）

1889 年：エッフェル塔（フランス語 La tour Eiffel / 英語名称 Eiffel Tower、324 メートル、フランス、パリ）

1960 年：ユーロ・マスト（186 メートル、オランダ、ロッテルダム）

1961 年：カイロ・タワー（187 メートル、エジプト、カイロ）

1962 年：スペース・ニードル（184 メートル、アメリカ、シアトル）

1967 年：オスタンキノ・タワー（537 メートル、ロシア、モスクワの Ostankino 地区）

1969 年：ベルリン・テレビ塔（368 メートル、ドイツ、ベルリン）

1971 年：N ソウルタワー（236 メートル、韓国、ソウル）

1976 年：CN タワー（Canadian National Tower の略、553 メートル、カナダ、トロント）

1981 年：シドニー・タワー（309 メートル、オーストラリア、シドニー）

1985 年：タシケント・タワー（375 メートル、ウズベキスタン、タシケント）

1991 年：天津タワー（天津テレビ塔、415 メートル、中国、天津）

1991 年：コイセローラ・タワー（288 メートル、スペイン、バ

ルセロナ)

1992年：中央広播電視塔（405メートル、北京、中国）

1994年：東方明珠電視塔（英語名称 Oriental Pearl Radio & TV Tower、468メートル、中国、上海）

1996年：マナラKLタワー（英語名称 Menara Kuala Lumpur Tower、421メートル、マレーシア、クアラルンプール）

1997年：スカイタワー（328メートル、ニュージーランド、オークランド）

2000年：龍塔（336メートル、黒龍江電視台〔HLJTV〕の電波塔、中国、ハルピン）

2001年：マカオ・タワー（338メートル、中国、マカオ）

2004年：台北101（509メートル、101階建てのビル、台湾、台北）

2005年：Q1（Queensland No.1の略、323メートル、ビル、オーストラリア、クイーンズランド）

2005年：スピンネーカー・タワー（170メートル、イギリス、ポーツマス）

2007年：ボルジェ・ミーラード（英語名称 Milad Tower、435メートル、イラン、テヘラン）

2009年：広州テレビ観光塔（広州塔、英語名称 Canton Tower、600メートル、中国、広州）

2010年：ブルジュ・ハリーファ（英語名称 Khalifa Tower、828メートル、アラブ首長国連邦、ドバイ）

世界の主要なタワーの名前を竣工年順に見ても、日本国内のタワーのネーミングほど顕著なトレンドはないようです。とはいえ、「カイロ・タワー」や「シドニー・タワー」「マカオ・

タワー」のように、建っている都市の名前に「＋タワー」の構成でネーミングされているものが半数以上を占めています。1976（昭和51）年完成の「CNタワー」のCNは"Canadian National"の略。建っている場所がトロントであることは、このネーミングだけからはわかりません。

● **人名や地名から付けられたタワーの名前**

　人の名前を冠したタワーもあります。1889（明治22）年完成の「エッフェル塔」の「エッフェル」は、設計の企画を立てた会社の責任者アレクサンドル・ギュスターヴ・エッフェル氏にちなむもの。2010（平成22）年に開業したドバイの「ブルジェ・ハリーファ」も人の名前に由来しています。「ブルジェ」とはアラビア語で「塔」を意味します。このビルは建設中、「ブルジェ・ドバイ」（ドバイ塔）と呼ばれていましたが、開業する際にアラブ首長国連邦の大統領ハリーファ・ビン・ザーイド・アール・ナヒヤーン氏にちなみ、現在の名称に正式決定されました。

　1967（昭和42）年竣工の「オスタンキノ・タワー」や1991（平成3）年の「コイセローラ・タワー」は、地名と人名のどちらに由来するネーミングだと思いますか？　正解は地名。前者がモスクワ市内のオスタンキノ地区、後者がバルセロナ市にある地域名称です。地元の人や地理に詳しい人なら「オスタンキノ」「コイセローラ」と聞いてどこなのかがわかるかもしれませんが、世界の人たちにとっては馴染みが薄い名称になるので、人の名前なのか地名なのか、判断できないケースの出てしまう危険があります。

その点では、東京都墨田区に建つ新タワーを、例えば「すみだタワー」としてしまうと、「Sumida」が何を指すのか、その名称だけからはわかりにくくなってしまいます。「すみだ」は「隅田川」を指すとも取れますし、「住田さん」という方もいらっしゃるので混乱しそうです。やはり、地名を入れる名称にするなら、あまり狭い地域に限定せず、国際的に知られているものにした方がよいと思われます。

　2007（平成19）年にできた「ボルジェ・ミーラード」の場合、「ボルジェ」はペルシャ語で「塔」、「ミーラード」はアラビア語で「誕生」の意味ですので、直訳すれば「誕生塔」になります。

　1960（昭和35）年、1962年にそれぞれ建設され、高さもほぼ同じの「スペース・ニードル」と「ユーロ・マスト」の名前は秀逸です。「スペース・ニードル」は、そそり立つ針の上にUFOのような円盤が刺さっているかのようなデザインで、名前を聞けばすぐにその形を思い出させる効果があります。「ユーロ・マスト」は文字通り「ヨーロッパの帆柱」のことで、展望室が客船をイメージさせる形になっており、やはり名前からタワーの形を強く印象付けています。30年後の1994（平成6）年に竣工した東方明珠電視塔は、大きな真珠をあしらったような美しい塔のデザインから、「オリエンタル・パールタワー」とも呼ばれています。2005年完成の「スピンネーカー・タワー」のspinnakerは「大きな三角形の帆」の意味。このタワーのデザインも美しく、ポーツマスの人気観光スポットとなっています。2000年の「龍塔」は、中国黒龍江電視台の電波塔で、展望台がうろこ模様になっていて、まさに龍を連想させる造り

です。

● 高さや元号などを入れるリスク

　高さを数字にしてそれを名称に入れたり、竣工年を記念して年号を盛り込んだものは、意外にも世界の主要な高層建築物にはありません。例えば「東京タワー」をその高さにちなんで「タワー333」[2]と名付けたり、1958（昭和33）年竣工にちなみ「五八塔（ごはちとう）」のような名前にすることはしないのです。タワーの高さは建築中に変更されることもありますし、国際的にメートル法を採り入れている地域ばかりではありません。仮に「333」としたとして、メートルなのかフィートなのかわかりにくいのです。また、完成年を入れた建物は築年数がすぐにわかってしまい、将来的に古臭く見えてしまう可能性もはらんでいます。

　さらに、「昭和塔」「平成タワー」のように名付けてしまうと、日本の元号に親しんでいない世界の人たちにとっては「Showa」「Heisei」という単語の意味がわかりにくく、場合によっては皇室に関係する塔かと誤解されてしまうかもしれませんので、必要性が低ければ回避した方が無難と言えるでしょう。

　建てられた世界の建築物には、記号的な名称も付けられています。例えば、2004（平成16）年完成の「台北101」は「地名」＋「ビルの階数」をシンプルな名前に。2005年竣工のQueensland No. 1を略して付けられたオーストラリアの「Q 1」という超高層ビルも、短くユニークな名前で存在感があります。

日本では「渋谷109」やアイドルグループ「AKB48」などの名称がありますので、数字を入れたネーミングにも大きな違和感なく馴染めるかもしれません。新タワーもこの方式に則って、Tokyo Number Oneを略して「T1」という記号的なネーミングにするのも一案でしょう。

　このように、世界のタワーや高層建築のネーミングを見ると、地名にタワーを付けたものが主流であるものの、縁のある人物の名前を冠したり、そのデザインにちなんだ名称を付ける場合もあることがわかりました。日本では公の建物に人名を付ける習慣はあまりありませんので、<u>国際的に知られている地名ないしはデザインを描写する名称</u>が、今回の場合無難だと考えます。最近の世界の超高層ビルには数字やアルファベットを使った記号的な名称も見られますが、建築年や日本で使われる元号、時代名などが入ったネーミングは国際的にはあまりアピールしないことも考慮すべきでしょう。

● 先輩「東京タワー」の愛称はこうして決まった

　新しいタワーの名称選考に携わるに当たって、私は東京タワーのネーミングの経緯について知らなくてはいけないと考えました。

　東京タワーは、1957（昭和32）年6月に着工、1958年10月14日に竣工しました。実は、「東京タワー」というのは愛称で、正式名称は「日本電波塔」といいます。建設に際して日本電波塔株式会社が管理会社として創立され、着工前からこの正式名称は付けられていました。のちに愛称が一般公募され、塔の竣工わずか5日前、スーパーアンテナの取り付け工事と日を

> # 東京タワー
> ## 電波塔の愛称きまる
>
> 世界の建築界・電波界の注目を浴びつつ完成を急いでいる東京芝公園の日本電波塔（社長前田久吉氏）は、昨九日最後の仕上げである頂上のアンテナ工事に着手、予定通り本年中に竣工のはずであります。本社および日本電波塔は日本民族の誇りと評されるこの巨大塔の建設を祝い、かねてその愛称を読者から募集中でありましたが、締切日の九月末日までに全国からの応募総数八万六千二百五十九通、よって昨九日展報の審査員諸氏に本社へ参集を求めて審査の結果、「東京タワー」を当選と決定しました。今後はなにとぞ「東京タワー」と呼称し、この巨塔の誕生を祝福するとともに末永くその生命を支援して下さるようお願いいたします。
>
> （当選者および詳細は第九面に掲載）
>
> ### 日本電波塔 産経新聞
>
> 『産経新聞』1958（昭和33）年10月10日（金）
> 1面より

同じくして、10月9日に東京大手町の新東京グリルで開催された審査会で、愛称が「東京タワー」に決まったのです。

今となっては、この電波塔を「東京タワー」以外の名前で呼ぶことは考えられません。多くの歌謡曲で歌われ、小説やドラマで描かれ、映画のタイトルにもなっている、東京を代表する昭和の建築物です。しかし愛称を一般公募した段階では、「東京タワー」は決して人気の上位に入るアイディアというわけではありませんでした。

一般公募の結果と審査の詳細について日本電波塔株式会社の観光本部企画部・小椋信二氏に伺ったところ、愛

順位	名称案	獲得票数
1	昭和塔	1832（全体の2.12%）
2	日本塔	1328（全体の1.54%）
3	平和塔	1054（全体の1.22%）
4	富士塔	666（全体の0.77%）
5	世紀の塔	646（全体の0.74%）
6	富士見塔	615（全体の0.71%）
7	エターナルタワー	420（全体の0.48%）
8	日本電波塔	373（全体の0.43%）
9	東京塔	345（全体の0.39%）
10	マンモス塔	307（全体の0.35%）
11	宇宙塔	281（全体の0.32%）
12	エンゼルタワー	274（全体の0.31%）
13	東京タワー	223（全体の0.26%）
～	きりん塔、アルプス塔、ゴールデン・タワー、千代田塔など（各順位は公表されていない）	
20	プリンス塔	126（全体の0.14%）

称の一般公募は産経新聞紙上で呼び掛けられ、わずか20日間で全国から8万6269通もの応募があったということです。

　産経新聞の記事を参考に、提案された愛称の投票数上位を整理すると、上の表のようになります。

　これらは当時の世相を実によく反映しているネーミング案群だと言えるでしょう。この時点では「昭和塔」が愛称案の得票数トップでした。「東京タワー」は223票で13位だったのですから、決して最有力候補案というわけではありませんでした。大多数のネーミング案が「〇〇塔」の形式を取っており、「〇〇タワー」型のネーミング案は大勢を占めてはいませんで

した。

鮫島敦『東京タワーの50年』(2008年、p.58-59) には、当時の選考の様子がこう描かれています。

> 一〇〇以上の応募が集中したネーミングが二三もあり、慎重に審査され、投票を行った結果、満場一致で「東京タワー」に決定した。審査委員長を務めた活動写真弁士の徳川夢声は、「日本の名物、このような感じをピタリと表している名前はやはり『東京タワー』をおいてほかにはありませんな」と発表した。
> 「東京タワー」よりも多く応募が寄せられた名前は複数ある。最も多かったのが「昭和塔」。そして「日本塔」「平和塔」である。そのほかには、高さを表したいと「宇宙塔」「きりん塔」「富士塔」、また「世紀の塔」「ゴールデン・タワー」「オリエンタル・タワー」、そして皇太子殿下（今上天皇のこと）のご成婚が近いとあって「プリンス塔」などだ。(中略)「東京タワー」と書いて応募してきた二二三名の中から抽選により一等に当選した、神奈川県厚木市の小学五年生の女子には、一五日、賞金授与が行われた。

小椋信二氏によると、「しかし名称選考委員会の徳川夢声氏の『最も平凡な名称こそふさわしい。今日に至ってはそれは東京タワーをおいてほかにないのではないか』との発言によりこの名称に決まった」ということです。上位12案を押しのけ、"最も平凡な名前"と推されて東京タワーの愛称が決まったの

『産経新聞』1958（昭和33）年
　　10月10日（金）9面より
（産業経済新聞社の許可を得たうえ
で、一部地名、番地等を伏せました）

電波塔名づけ親の抽選

"東京タワー"二三三人

多かった日本象徴の名

一等は神奈川の高田幸子ちゃん

4　新タワーのネーミングを考える

は、今となっては意外な事実です。

　弁士である徳川氏の宣誓調の名ゼリフは「私はその名付け親の一人になった。広くその名を全日本に求め、無数の巨名、偉名、美名、奇名、珍名が集まった中から、私たち委員が選んだ。結局、平凡そのものと思われる"東京タワー"と定まった。／今日にいたってみると、この名こそ最もふさわしきもの！　平凡こそ最高なり！」[3]とも伝えられ、それがのちに「ピタリと言い表しているのは『東京タワー』をおいてほかになし」というフレーズへと集約されていったようです。

　もし、当時の選考委員会で多数決に基づいてタワーの愛称が決まっていたら、今私たちはあの電波塔を「昭和塔」と呼んでいたことでしょう。昭和塔——？　果たして、そう名付けた場合、このタワーが昭和時代の後も東京のシンボルとしてあり続け、日本中から親しまれ続けたでしょうか。時代の流れの中で、「昭和」の塔は昭和時代の遺物として存在感が薄れていたかもしれません。そう考えると、<u>名称候補案を一般公募した場合、上位にランクインしたものを自動的に採用してしまうのは必ずしも最良の方法ではないと言えます。</u>

　2012（平成24）年に開業（名称募集時には平成23年完成の予定）する東京都墨田区の新タワーの名称について考えた場合、何十年先、何百年先を見据え、たとえ電波塔としての役目がピークを過ぎても、東京タワーのように人々の心の中にシンボル塔として存在し続けることができるのか、この新タワーの〈価値寿命〉はネーミング次第であると言えるかもしれません。そう考えると、今回の名称選定は多数決だけで決められる単純な作業ではないような気がしてきました。名称検討委員会のメンバー

は、平成の現代を生きる人々から広くアイディアの材料（パーツ）を一般公募で集め、その支持を参考にしながら、新タワーにふさわしいと思われる言葉を厳選し、最終候補案を練り上げる作業を任された面々なのだと、私は解釈しました。

● **得票上位に決まるとは限らない「はやぶさ」論争**

　公募の最上位にランキングした名称が必ずしも採用されない傾向は、東京タワーの愛称決定から半世紀以上経った今もあります。最近では、2011（平成23）年3月に営業運転を開始した新しい東北新幹線の列車の愛称「はやぶさ」の決定経緯がそうです。開業1年前の2010年3月に1カ月間名称を募集し、新型高速新幹線の車両にふさわしく、かつ、乗客にわかりやすいものという選考基準を踏まえ、15万372件の応募がありました。応募で集まった名称は4396種類にも及び、その中で「スピード感があり親しみやすい愛称であるため」という理由で選ばれたのが、3129票（第7位）の「はやぶさ」でした。最も人気のあった「はつかり」「はつね」「みちのく」のアイディアを押しのけての決定となりました[4]。

　しかし、「はやぶさ」の名称は、1958（昭和33）年から2009（平成21）年まで熊本駅と東京駅を結んでいた、古くからある寝台特急列車と、鹿児島本線経由で運行された寝台特急列車の名前として親しまれていただけに、「廃止からわずかな期間を経ただけで『はやぶさ』の名を付けるのはいかがなものか」「九州の印象が強すぎる」と、鉄道ファンを中心に違和感を抱く人が少なくありませんでした。人々の思いがまだ強く残っている名称を新しく登場したものにあえて付けるのは、得策では

ないでしょう。これは言ってみれば、人々に惜しまれて数年前に亡くなった祖父の名前を、今年生まれた孫息子にそのまま付けるのと同じです。どんなに良い名でも、人々は前の名前の所有者の残像を払しょくするのに時間がかかるものなのです。

　加えて、あいにくと言っていいのかどうかわかりませんが、新幹線「はやぶさ」がデビューする前、惑星探査機「はやぶさ」が地球に帰還、人々の感動を呼びました。「はやぶさ」と言えばこちらの名前の方が思い浮かぶ人も多いのではないでしょうか。こちらの名前は、探査機が小惑星のサンプルを採取する際に着地する時間が短く、あたかも鳥のハヤブサが獲物を捉える様子に似ていることから付けられました。

　事実、インターネットのサーチエンジンによっては、「はやぶさ」と検索すると、惑星探査機の方が先にヒットするものもあります。感動のストーリーは数々の映画作品にもなりました。新タワーも、従来あるものや人々の心のよりどころとなっているものを強く連想させる名称にすることは、できるだけ避けるべきでしょう。異なる種別でも同じ名前のものがあると、それが思わぬ出来事に遭遇したり、ネガティブなイメージを持つことになったりする可能性もゼロではありません。

　そういう点からも、従来にはないユニークで、かつ「新タワーの感じをピタリと表している名前」を見つける必要があるのです。

● **新タワーにはどんな名称案がくる？**
　ここまで国内の歴代の塔、世界の主要な高層建築物、そして東京タワーの愛称が決定するまでの経緯を見てきました。次

に、今回名称を検討する東京墨田区の新タワーのネーミング案の公募にはどのようなものが集まるかを、あらためて予想してみましょう。

東京タワーのケースと大きく異なるのは、今回は建設前のタワーの名前を考える作業だという点です。東京タワーの愛称提案は、竣工間際の1958（昭和33）年9月に募集されましたので、当時の人々は完成した電波塔を視界に入れてネーミングを考えることができました。しかし、今回の新タワーは建設前の名称案募集です。インターネットやパンフレット、チラシでCGやイラストでタワーの姿を想像することはできても、まだ都内に600メートルを超える新たな建築物が建つという実感を抱くことができない段階です。

そうなると、まだ建たぬ天空の塔を想像するよりは、東京やその周辺に在住する人たちにとっては、これまで親しんだ東京タワーのイメージの方が強いはず。となれば、おそらく「東京タワー」を軸にした提案が多いのではないかと私は考えました。「新東京タワー」「東京新タワー」「ニュー東京タワー」「平成東京タワー」「東京タワー2」「東京セカンドタワー」「第二東京タワー」、あるいは「二代目東京タワー」などが、いかにも、でしょうか。

施工主の東武鉄道株式会社のパンフレットやウェブサイトでは、「やさしい未来が、ここからはじまる。」のキャッチコピーでRising East（ライジングイースト）プロジェクトを展開、「墨田・台東両区は、江戸きっての盛り場であった『浅草』、屋敷町だった『本所』、そして景勝地でもあった『向島』と、『食』『風情』『職人のものづくり』といった江戸文化の継承地」[5]に

新タワーが建設されることをアピールしています。これを目にした人たちは「墨田」「下町」「江戸」「粋」といったキーワードを思いつくかもしれません。「すみだタワー」「下町電波塔」「江戸東京塔」「生粋タワー」などはどうでしょうか。

プロジェクト名にちなんで「日の出タワー」や「イーストタワー」「ライジングタワー」「シャイニングタワー」「ブリリアントタワー」「サンライトタワー」などが出されても不思議はないかもしれません。隅田川にかかる橋の名前や隅田川の歌にちなんだ名称案も出る可能性があるでしょう。

● **新タワーの開発コンセプトと名称検討委員会の面々**

いよいよ東京都墨田区に建つ新しいタワーの名称を決めるに当たり、東武鉄道株式会社が一般公募をすることになりました。それに際して、以下の3点のようなタワーの開発コンセプトが挙げられました[6]。

- 日本、下町のものづくりのDNAを継承し、人々の交流が、新たな都市文化を創造する「アトリエコミュニティ」
- 人に、地球に優しく、災害に強く、安全で安心して暮らせる「優しいコミュニティ」
- 先端技術、メディアが集積し、新しい日本、新しい東京を、世界へと発信するタワーを核とした「開かれたコミュニティ」

「アトリエコミュニティ」が意味するところは解釈の余地があるものの、人と環境に優しい、開かれた地域の中心となるタ

ワーが東京の新たな拠点としてお目見えすることが伝わってきます。桜井惠子『ネーミング発想法』(2002年、p.25) には、施設名を考える際、「その施設を取り巻く周辺環境を視野に入れた上で、名称開発に当たる」必要があると指摘されており、今回の場合は東京都墨田区の歴史や文化、下町のものづくりなども反映した名前が望ましいと考えられます。しかも、この新しいタワーは、これまでの東京タワーをはるかにしのぐ610メートル（発表当時）の高さに達するとあって、コンセプトを目にしただけで、デジタル放送の最前線発信基地が建設されるという期待がいよいよ高まります。

この夢のようなタワーに良い名前を付けたい——誰もが思っていることです。そこで、ネーミング案を広く一般から募り、それらの中から最終候補5案を選定することになりました。そのミッションを背負い、以下のメンバーで名称検討委員会が発足しました（肩書きは就任当時のものです）。

青山 佾（やすし）氏　（明治大学教授　元東京都副知事）

阿木 燿子氏　（作詞家）

飯島 一暢氏　（フジテレビ常務取締役）

五十嵐 意承氏　（浅草寺執事長）

澄川 喜一氏　（彫刻家）

竹内 誠氏　（東京都江戸東京博物館館長）

戸恒（とつね）浩人氏　（照明デザイナー）

中野 恒明氏　（芝浦工業大学教授）

山﨑 昇氏　（墨田区長）

筆者

4　新タワーのネーミングを考える

座長の青山佾氏を中心に、作詞家の阿木燿子氏、設計に携わった澄川喜一氏、タワーの照明を手がける戸恒浩人氏、東京都墨田区長の山﨑昇氏ら、新タワーや建設地域に造詣が深い顔ぶれです。
　以下のスケジュールで名称決定作業が行われました。

2007年10月26日〜11月25日
　　一般公募で名称案を募集
2008年2月中
　　事務局が公募結果の概要（上位案）をまとめ、チェックや予備調査を行う
2008年3月19日
　　第1次検討委員会開催　最終候補案発表
2008年4月1日10:00〜5月30日17:00
　　最終候補案の中から一案を選び、ネットまたは葉書（受付期間内の消印有効）で投票
2008年6月10日
　　第2次検討委員会開催　名称決定

　検討委員会が大きな役割を果たすのは、応募された多種多彩な候補案を最終投票の候補となる五つに絞る作業の段階です。実際には5案ではなく、一つプラスして6案になりましたが、いずれにしても公募で寄せられた膨大なアイディアを整理・検討するのは簡単な作業ではありません。
　検討を始めるに当たって、三つのポイントを委員会の選定基準として設けることを確認しました。一つ目は、<u>名称が新タワ</u>

ーのイメージや特徴を表すものである点です。日本には、数多くの電波塔がすでに建っていますが、今回建設されるものは世界でも1、2を争う高さを誇るデジタル電波塔。フォルムもすらっと優美で、遠目には網目状の塔体をしています。白を基調とした景色に映える明るい色をあしらい、夜は多彩なライトアップも行われます。日本の伝統的建築様式を踏襲した美しい「そり」や「むくり」、五重塔に学んだ心柱(しんばしら)を中心とする地震や強風に強い構造を持ち合わせています。もちろん、デジタル放送やワンセグ通信の中核を担う電波塔としての重要な機能も果たします。そんな夢のタワーが東京に建った時、人々はどんなイメージを持ち、その特徴と捉えるのか、そして、それを名前として言い表した時にどのような表現を用いるのが適切なのかを考えなくてはいけません。

　2点目は、子どもからお年寄り、外国の方にも親しまれること。新タワーは、限られた年齢層の人たちだけに親しまれるものではありません。塔が見える場所にいるすべての人たちにとって特別な存在として意識されなくてはいけないのです。さらに、東京の新名所として、国外からも多くの観光客が訪れることも視野に入れて名称を考える必要があります。小さな子どもにとって発音が難しい音が多く入っている名称や、年配の人たちに馴染みの薄い外来語などから採った意味がわかりにくい言葉が入っている名称は、広く定着するとは考えにくいでしょう。加えて、日本語では問題ない言葉でも、他言語を話す人が聞いたら変な意味になってしまう音の並びを含む語は避けなくてはいけません。幅広い人にわかりやすく、発音しやすく、良い意味になる名前が望ましいと言えます。

4　新タワーのネーミングを考える

三つ目は、名前に品格があり、50年後も100年後も日本を代表する建築物にふさわしいことです。新電波塔は、その役割がピークを過ぎても、ランドマークとして人々に愛され続けます。東京という場所を象徴する存在になるでしょう。地図に記されるだけでなく、歌に歌われたり、絵画に描かれたり、映画に登場することもあるはずです。そんな文化的・歴史的な価値も考え、名前には品格が漂う要素を入れたいものです。加えて、新タワーも東京タワー同様、竣工してから何十年もその場に立ち続けます。うっかり流行語などを採り入れたり、西暦や元号などを入れてしまうと、時間が経つにつれて古臭く感じられてしまう可能性があります。なるべく、年月が経っても色あせない、普遍性の高い名前を付けることが望ましいでしょう。

　名称の公募を呼び掛ける際、東武鉄道の広報誌に各検討委員から応募者にメッセージを送る記事を掲載する企画がありました。私は上記の三つのポイントを踏まえ、新タワーの名前には「音の響きの良さ」「意味の良さ」「表記のわかりやすさ」を考慮してアイディアを出してほしいと提案しました。音・意味・表記が、ネーミングには非常に重要だからです。

● 名称公募に1万8606通

　公募の詳細の通知が公表されたのが2007（平成19）年10月25日（木）14:00で、受け付け締め切りが11月26日（月）でした。ネーミングを募る期間としてはやや短かったかもしれません。じっくり考えたい人には数カ月は欲しいところですが、諸般の事情で1カ月間と限られたようです。応募期間が短いと、名称のアイディアを練る時間が十分に取れませんので、応

募作品には直感的に思いついたものや新タワーの広報資料に載っている言葉を使いたくなる傾向が出ます。

とはいえ、1958（昭和33）年とは違い、今はインターネットで気軽に応募できる時代。郵便が滞ることも稀ですので、事務局としてはこの期間でも十分にアイディアが集められると判断したのでしょう。名称案はウェブページと郵送葉書による方法で応募（一人1案のみ）でき、合計1万8606通（ウェブページから1万929通、葉書7677通）が集まりました[7]。ネットからの応募[8]がメインになるかと思っていましたが、4割程度の応募は葉書によって寄せられています。これは墨田区を中心に広報誌『ライジング・イーストプレス Rising East Press』を新聞折り込みとして約10万部入れ、そこに応募用の葉書を添えたことが影響していると見られます。

1万8606通はアイディアの数としては十分な量ではあります。しかし、まだネットがなかった1958（昭和33）年に東京都港区芝にある電波塔の愛称募集の際に8万6269通もの葉書が寄

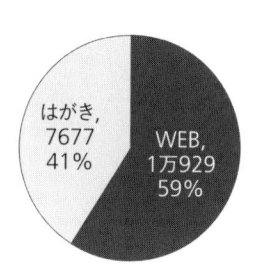

新タワー応募総数1万8606通の応募方法内わけ
はがきの応募も4割を超える

応募数の比較（1958年と2007年）
今回は、東京タワーの応募数の1/4以下

4 新タワーのネーミングを考える

関東以外, 2735通
15%

関東地方, 1万5871通
85%

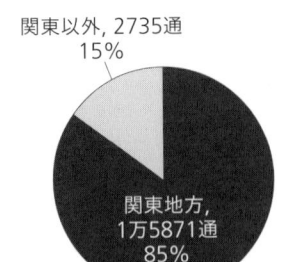

応募者居住地域比
新タワーが見える所からの応募がメイン

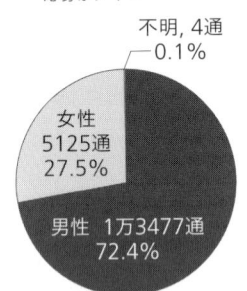

不明, 4通
0.1%
女性 5125通
27.5%
男性 1万3477通
72.4%

応募者男女比
男性が7割以上で、高い関心があることがうかがえる

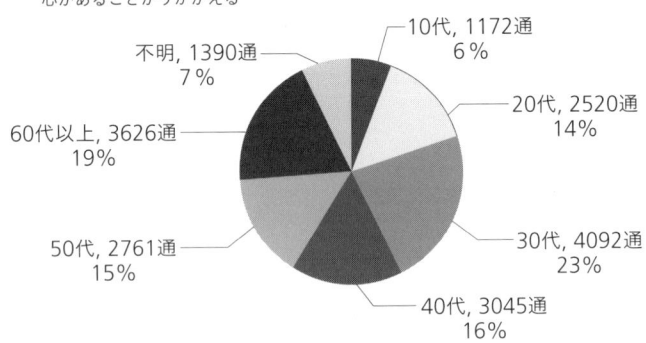

不明, 1390通
7%
60代以上, 3626通
19%
50代, 2761通
15%
40代, 3045通
16%
30代, 4092通
23%
20代, 2520通
14%
10代, 1172通
6%

応募者の年代割合
東京タワー竣工以降の世代が6割

せられたことを思えば、今回はやや少ない数に留まったと言えるかもしれません。東京タワーの場合、当時の愛称募集が産経新聞主催で行われていたため、産経新聞を購読していた人たちがこぞって応募し、数が膨れ上がったと考えられます。

今回の新タワーの名称に応募した人たちの居住している地域を見ると、85%が関東地方だったことが特徴的だと言えるでしょう（東京都在住の応募が8141通、埼玉県からは2963通、千葉からは2067通、その他の関東地方からは2700通で、

特に都内からの応募が多くありました)。東武鉄道や地下鉄の走っている地域、車内の吊り広告や駅ポスターなどを目にすることが多い人たちの関心が高かったようです。将来的に新タワーを景色の中で目にする可能性がある地域に住む人たちが中心になっています。しかし、それ以外の地域からの応募が伸び悩み、東京タワーの時のような国民的な関心事とまでは至らなかったようです。

　応募者の男女比にも興味深い事実があります。男性が72.4%、女性は27.5%。男女比が3：1なのです。この比率は、新タワーの建設に関東在住の男性が大きな期待を寄せている証拠の一つだと言えるでしょう。一方、応募者の年代には著しい偏りは見られず、データにあるように、東京タワーが竣工した後に生まれた40歳代以下の世代が6割以上を占めています。彼らは、大規模な電波塔が都内に建築されていく様子を初めて目の当たりにする人たち。東京タワーが昭和の高度経済成長期の象徴であったのに対し、これから建つタワーにはまた違った意味を感じ取っているはずです。

● 新タワーに付けたい名前、大集合！

　公募で寄せられたアイディアをまとめたところ、委員会で検討対象となった名称は258案にのぼりました。以下がそれらを五十音順に並べた一覧です。実に多種多様なアイディアが寄せられていることが見て取れることでしょう。

　もちろん、ここに挙げているものが応募作品のすべてではありませんが、7票以上獲得した名称案を中心に、事務局が検討してほしい材料としてまとめたものです。6票以下だったアイ

ディアの中でも、キラリと光る良さがあると判断されたものや、事務局が重要だと考えるキーワードや表記を含むものが、10案程度含まれています。

● 新タワーに付けたい名称258案一覧（50音順）

【あ】
アースタワー
I（アイ）タワー
青空タワー
あけぼのタワー
浅草タワー
東（あずま）タワー
あづまタワー
Eタワー
イーストタワー
宇宙タワー
うららタワー
エターナルタワー
エドタワー
江戸タワー
EDOタワー
EDO TOWER
江戸スカイタワー
江戸塔
江戸っ子タワー
江戸東京タワー
江戸ハートタワー
江戸前タワー
江戸みらいタワー
江戸未来タワー
エンジェルタワー
お江戸タワー
大江戸スカイタワー
大江戸タワー

OEDOタワー
大江戸塔
大江戸東京タワー
大江戸デジタルタワー
大江戸電波塔
大江戸未来タワー
大江戸櫓
押上タワー

【か】
関東タワー
希望タワー
キャピタルタワー
キングタワー
クリスタルタワー
グローバルタワー
コスモスタワー
コスモタワー
コミュニティタワー

【さ】
ザ・タワー
さくらタワー
サクラタワー
桜タワー
SAKURAタワー
SAKURA TOWER
サムライタワー
サンタワー

サンライズタワー
下町タワー
ジパングタワー
シャイニングタワー
ジャパンタワー
Japan タワー
JAPAN タワー
Japan Tower
首都タワー
首都タワー東京
J タワー
城東タワー
シルバータワー
新タワー
新江戸タワー
新大江戸タワー
新世紀タワー
新世界タワー
新タワー東京
新東京タワー
新・東京タワー
新東京スカイタワー
新東京ドリームタワー
新日本タワー
シンボルタワー
新未来タワー
新都タワー
スーパータワー
スカイタワー
Sky Tower
スカイタワー東京
スタータワー
スペースタワー
スミタワー
すみだタワー
スミダタワー
Sumida タワー

墨田タワー
隅田タワー
隅田川タワー
すみださくらタワー
すみだスカイタワー
隅田スカイタワー
センチュリータワー
セントラルタワー

【た】
大東京タワー
第2東京タワー
第二東京タワー
大日本タワー
ダイヤモンドタワー
ダウンタウンタワー
タワー21
タワー610
地デジタワー
TS タワー
デジタワー
デジタルタワー
デジタル東京タワー
天空
天空タワー
天空の塔
東京浅草タワー
東京イーストタワー
東京宇宙タワー
東京江戸タワー
東京 EN タワー
東京大江戸タワー
東京キャピタルタワー
東京グランドタワー
東京クリスタルタワー
東京グローバルタワー
東京国際タワー

東京コスモタワー
東京さくらタワー
東京サンライズタワー
東京シティタワー
東京新タワー
東京シンボルタワー
東京スーパータワー
東京スカイタワー
Tokyo Sky Tower
東京スカイツリー
東京スペースタワー
東京すみだタワー
東京墨田タワー
東京センチュリータワー
東京セントラルタワー
東京第二タワー
東京ダイヤモンドタワー
東京ダウンタウンタワー
東京タワー21
東京タワー610
東京デジタワー
東京デジタルタワー
東京天空タワー
東京電波塔
東京塔
東京東武タワー
東京トップタワー
東京トライアングルタワー
東京ドリームタワー
東京21世紀タワー
東京ニュータワー
東京ネオタワー
東京ハイタワー
東京ピースタワー
東京ひかりタワー
東京光タワー
東京ビックタワー

東京ビッグタワー
東京ビュータワー
東京ホープタワー
東京みらいタワー
東京未来タワー
東京ミレニアムタワー
東京メガタワー
東京メトロポリタンタワー
東京ユニバーサルタワー
東京ゆめタワー
東京夢タワー
東京ライジングタワー
東京リバーサイドタワー
東京レインボータワー
東京610
TOKYO610
東京610タワー
東京ワールドタワー
東都タワー
東武タワー
TOKIOタワー
トップタワー
トライアングルタワー
ドリームタワー
ドリーム・タワー

【な】
なりひらタワー
業平タワー
21世紀タワー
にっぽんタワー
ニッポンタワー
日本タワー
NIPPONタワー
NIPPON TOWER
日本塔
日本未来タワー

ニュータワー
ニュータワー東京
ニュー東京タワー
NEW 東京タワー
New Tokyo Tower
ネオ東京タワー
NEO 東京タワー
NEO TOKYO TOWER

【は】
ハートタワー
パールタワー
ハイタワー
ハイタワー東京
ハッピータワー
バベルタワー
ピースタワー
PEACE TOWER
ひかりタワー
光タワー
東東京タワー
ビッグタワー
ビッグアイタワー
日の出タワー
日ノ丸タワー
富嶽タワー
富士タワー
フューチャータワー
プラチナタワー
ブルースカイタワー
ブルータワー
ふれあいタワー
平成タワー
平成東京タワー
墨東タワー

【ま】
みやこタワー
都タワー
みらい
みらいタワー
ミラクルタワー
未来タワー
未来塔
ミレニアムタワー
メガタワー
メトロタワー
メトロポリタンタワー
ムーンタワー
むさしタワー

【や】
YAGURA
大和タワー
ユニバーサルタワー
ゆめタワー
夢タワー
ゆめみやぐら

【ら】
ライジングイーストタワー
Rising East Tower
ライジングタワー
RISING TOWER
リバーサイドタワー
レインボータワー
６１０タワー

【わ】
ワールドタワー
和の塔

4　新タワーのネーミングを考える

皆さんが応募した作品は入っているでしょうか？　今回は、名称案一つひとつを厳密に審査するため、例えば「すみだタワー」「スミダタワー」「Sumidaタワー」「墨田タワー」「隅田タワー」などの音は同じでも表記が異なる名前は、別々の提案として挙げています。
　得票数が特に多かった上位20位までの名称案が以下のよう

順位	名称案	獲得票数
1	大江戸タワー	492
2	新東京タワー	345
3	さくらタワー	207
4	日本タワー	206
5	東京スカイタワー	166
6	江戸タワー	157
7	ドリームタワー	134
8	東京ドリームタワー	112
9	スカイタワー	106
10	すみだタワー	102
11	平成タワー	85
11	未来タワー	85
13	墨田タワー	69
14	天空タワー	63
15	レインボータワー	58
16	ジャパンタワー	56
17	東京未来タワー	54
18	サンライズタワー	51
19	下町タワー	50
20	EDOタワー	48
20	お江戸タワー	48

に公開されています。

　「大江戸タワー」が断トツの人気があり、続いて「新東京タワー」、3位以下はほぼ同票で「さくらタワー」「日本タワー」がランクインしています。1位から10位までは3桁の支持票があり、48票以上獲得したアイディアが上位20位（21案）に残っています。

● **名称案を分析：ほとんどが「○○タワー」型**
　この名称案の一覧表を目にして、私はすぐに二つの点に気が付きました。1点目は「○○タワー」や「○○ TOWER／Tower」の名称が圧倒的に多いこと、そして2点目は「東京」という地名を入れる提案が半数を占めていることです。

　まず、「○○タワー」の名称の造りについて考えてみましょう。リストを数えてみると全体の254案のうちの238案、率にすると93％ものアイディアが何かしらの形で「○○タワー」や「○○ TOWER」の型を提案しています。得票数の高かった上位21案もすべてがこのパターンであることから、私たちがいかに電波塔イコール「タワー」の名称であるべきだという強い思い入れを持っているかが確認できます。

　「○○タワー」型以外の名称案には、「江戸塔」「大江戸塔」「天空の塔」「日本塔」「未来塔」「和の塔」などの「○○塔」の型があり、「大江戸電波塔」や「東京電波塔」といった地名にレトロな響きを持つ「電波塔」を付すアイディアもありました。「日本塔」や「東京電波塔」などは、東京タワーの名称公募でも人気があった、半世紀を経てなお好まれる名称です。

　「タワーの名前を考えるのだから『タワー』や『塔』という

4　新タワーのネーミングを考える

語を使うのは当たり前ではないか」と言う人もいるかもしれませんが、前に見たオランダの「ユーロ・マスト」やアメリカの「スペース・ニードル」のように、あえて「タワー」という語を使わずに塔を表現することも可能です。他の高層ビルやマンションでも採用している「タワー」の語を名前のパーツとして入れることは安全策かもしれませんが、これまでにない世界最大規模の電波塔の名前としてのインパクトも必要だと考えます。「もうすぐ墨田区に建つタワーはどんなタワー？」と聞かれて、「『タワー』なんて言葉では表現できないほどのすごい建築物です！」と答えたいではありませんか。

　その点で、「大江戸櫓」の「櫓」という語を見つけた提案を、私は興味深いと思いました。櫓には、やぐら・物見やぐらという意味があり、上に上がって見渡すための建物「楼」のアイディアにも通じます。同様に、江戸文化を意識して「YAGURA」と「ゆめみやぐら」を提案した人もいて、私は目の付けどころがよいと感じました。

　加えて、新タワーを大きな空に伸びる樹木に喩えて「ツリー」とする提案も、数あるアイディアの中では抜きん出て個性的だと思いました。

　建物を意味する語をあえて含まないシンプルな名称案である「天空」と「みらい」、電波塔の高さ610m（建設計画当時）の数字を入れた「TOKYO610」や「東京610」も、「○○タワー」の案が大半の中にあっては個性が光るアイディアです。台湾にある「台北101」やオーストラリアの「Q1」に通じる名前ですが、これらはシャープで記号的な印象を与える反面、数字の読み方が「ろくいちぜろ」「ろっぴゃくじゅう」「six-one-zero」 「six hundred ten」など複数発生してしまう可能性があることを考慮する必要があるでしょう。

　新タワーを外国にある塔にならって「マスト」や「ニードル」にたとえたり、かつての「楼閣」などに見立てる提案は、残念ながら今回のリストには挙がっていませんでした。

● 名前に地名を入れる？ 入れない？

　今回の名称に応募する際、日本、東京、墨田といった地名を新タワー名に入れるか入れないかを、応募者の多くは考えたことでしょう。今回の提案では、258案中145案の名称に地名が入っていました。地名を入れると、新タワーがどこに建っているかを示すことができますし、その地名に馴染んでいる人たちの間にタワーに対する親近感が生まれる効果が期待できます。

　地名には狭い地域から国名に至るまで様々な範囲を示すものがあります。今回は、建設地を表す「業平(なりひら)」や「押上(おしあげ)」といったピンポイントの地名から、地域名である「浅草」、区の名前に由来する「墨田」、そして近くを流れる「隅田川」を盛り込んだアイディアが多くありました。現在は使われていない地名「江戸」を入れる提案も少なくありませんでした。

　地名の範囲を広げてみると、日本の首都である「東京」をベースにしたもの、関東の旧名の「武蔵の国」、「富士」が見える地域の名称、さらに「あづま」「東日本」などの方角を意識したもの、そして国名の「日本」「JAPAN」となっていきます。視野のどこに新タワーを据えるかによって、以下のように採用する地名が変わってきます。

● **地名を入れた名称案例**

業平・押上
　押上タワー、なりひらタワー、業平タワー

浅草・墨田・隅田・墨東・城東・東東京など
　浅草タワー、墨田タワー、隅田タワー、隅田川タワー、スミタワー、すみだタワー、スミダタワー、すみださくらタワー、すみだスカイタワー、墨東タワー、城東タワー、東東京タワー　など

東京・Tokyo・TOKIO・首都・都など
　東京ＥＮタワー、東京キャピタルタワー、東京さくらタワー、東京サンライズタワー、東京シティタワー、東京新タワー、東京スカイツリー、東京スペースタワー、東京センチュリータワー、東京セントラルタワー、東京第二タワー、東京タワー21、東京デジタルタワー、東京メトロポリタンタワー、メトロポリタンタワー、首都タワー、首都タワー東京、東都タワー、みやこタワー、都タワー　新都タワー　など

関東・武蔵の国・あづま・富士山が見える範囲
　関東タワー、むさしタワー、東(あずま)タワー、あづまタワー、富嶽タワー、富士タワー

日本・大和
　ジパングタワー、ジャパンタワー、JAPANタワー、にっぽんタワー、日本タワー、NIPPON TOWER、日本塔、日本未来タワー、大和タワー　など

最も狭い範囲の地名を提案しているのは、「業平タワー」や

「押上タワー」といった名前です。浅草から新タワーまでわずか1.5kmですので、建設地を一まわり広げて「浅草タワー」として観光客を取り込もうとする着想が目を引きます。「隅田川タワー」の案に基づいて、川にかかる橋の名前にちなんだ提案もあるかと想像しましたが、今回のリストでは目にしませんでした。

　新タワーが東京都墨田区、隅田川沿いに建設されるということは、各種メディア（パンフレットやチラシ、ウェブ）でも大々的に謳われており、新タワーに「すみだ」という名称を入れたいとする意見が多数ありました。「すみだタワー」「東京すみだタワー」「すみだスカイタワー」「すみださくらタワー」などです。墨田区に住んでいる人は、ぜひ我が区名をタワーの名称に入れたいと思ったことでしょう。漢字で「墨田」や「隅田」と記すよりも、ひらがなで「すみだ」と記す方が好まれています。墨田区と隅田川は同じ「すみだ」の音を持ちながら、漢字で地名と河川名を表記し分けていることが関係していると思われます。新タワーはどちらにも縁がありますので、両方をカバーできる「すみだ」と表記する方が、名称としての広がりがあると考えた人が多かったのでしょう。意外なことにローマ字で「Sumida」や「SUMIDA」と書く名称の提案はわずかでした。これは「スマイダ」と読まれる可能性があるからかもしれません。

　ほかにも、隅田川中流東岸を指す昔ながらの名称「墨東タワー」の案や、城の東方を意味する言葉を入れた「城東タワー」の案もありました。ただし、両方とも近隣に住む人たち以外にはやや馴染みのない地名であるうえ、「木刀」や「上等」など

の語と同じ音になるので、文字にしないと意味が伝わりにくいといった難点も含んでいます。

● 「東京」と「大江戸」が人気の地名

今回の公募で最も支持されたのは「東京」です。ランキングでも2位に「新東京タワー」が入っており、公募案258案中86案、実に3分の1に「東京」の地名が入っていました。このことから、東京という地名は日本の首都であるだけでなく、国際的に通用する名称であると判断できます。東京の異称とも言うべき「首都」や「みやこ」を含む名称案も複数ありましたが、やはり「東京」の方が圧倒的な支持を得ています。

表記に関しては、「とうきょう」のひらがな書きや「トウキョウ」のカタカナ書きは好まれず、漢字の「東京」を選ぶ案が多数であることがわかります。

1958（昭和33）年の東京タワーの竣工時になかった傾向は、東京の地名をローマ字書きにするアイディアの提案です。一覧表では「TOKYO」または「Tokyo」を入れる案は四つ。「TOKIO」の表記にも支持がありましたが、同名の男性アイドルグループがいるためか、「TOKYO」のように「Y」が入る綴りの方が好まれるようです。

● 好まれる新タワーの地名の表記法：「東京」の場合

漢字		平仮名		カタカナ		ローマ字	
東京	◎	とうきょう	×	トウキョウ	×	TOKYO	○
						Tokyo	○
		ときお	×	トキオ	×	TOKIO	△
						Tokio	×

◎最も好まれる、○好まれる、△多少好まれる、×好まれない（以下の表も同じ）

また、興味深いことに、現在は使われていない地名「江戸」に高い人気が集まりました。公募ランキングでも1位（492票）です。今回の建設地が江戸文化に縁が深い地域であるというPRが盛んに行われたことが功を奏し、「江戸」の漢字表記を含む名称や、「大江戸」の地名が入った案が26もありました。「江戸タワー」「江戸っ子タワー」「江戸前タワー」「お江戸タワー」「大江戸電波塔」といった名前が目立ちました。このほかにも「江戸ハートタワー」や「江戸未来タワー」「大江戸スカイタワー」といった、新旧取り交ぜてのアイディアも寄せられています。

　「江戸」の語は、数百年前にタイムスリップしてタワーが建っているかのような意味も与える、時空を超えた名称という感じがしますが、その一方で時代劇のような古臭さも持っています。それをぬぐうために「江戸」を「エド」とカタカナ書きしたり、「EDOタワー」「OEDOタワー」のようにローマ字書きにする案も少なくありませんでした。

　「江戸」や「大江戸」の地名は母音が多くて字数が少ない語ですので、存在感を持たせる意味でもローマ字の大文字書きにするのは良い方法だと思います。しかし、日本語を母語としない人には「EDO」は「イード」あるいは「イードゥ」と読

● 好まれる新タワーの地名の表記法：「江戸／大江戸」の場合

漢字		平仮名		カタカナ		ローマ字	
江戸	◎	えど	×	エド	△	EDO	○
						Edo	×
大江戸	◎	おおえど	×	オオエド	×	OEDO	△
						Oedo	×

4　新タワーのネーミングを考える

まれる可能性もあります。あるいは記号や略称として読まれ、「イーディー・ゼロ」と誤解される余地も残るでしょう。

　「えど」という音はおおむね外国語を母語にする人たちにも発音しやすいようですが、そもそも「えど」とは何なのか、時代名なのか地名なのか、あるいは人名や会社名なのか、詳しい説明を聞かないとわかりづらいかもしれません。タワーの名前の由来や意味に必ず耳を傾けてくれる人たちばかりとは限りません。さらに、江戸という地名は現在使われていませんので、地図やナビゲーションシステム、インターネットの検索エンジンなどでタワーが建っている場所や地域の特徴を明確に把握するのは難しいという弱点もあります。

● **日本人は「ニッポン」「ジャパン」が好き**

　新タワーが日本を代表する建築物になってほしいという願いを込めて、「日本タワー」「大日本タワー」「日本未来タワー」のように「日本」を入れた提案もありました。世界規模の電波塔を建設する我が国の技術力の高さを誇る意味でも、国の名をタワーに冠するのは良いアイディアだと言えるでしょう。

　日本人は自国「日本」を、「にほん」より「にっぽん」と読むことを好む傾向があります。「ぽ」というP音（両唇破裂音）を発する時に勢いが出て、名称を口にした際にインパクトを与える効果を持たせられるという点は、理由に挙げられるでしょう。さらに、ひらがなで「にっぽん」と書くと少し幼稚な印象を与えるため、「ニッポン」のカタカナ書きの方が支持されます。ローマ字で書く際は「NIPPON」のようにすべて大文字にして、名称の存在感をアピールする効果が狙えます。

● 好まれる新タワーの地名の表記法:「日本」の場合

漢字		平仮名		カタカナ		ローマ字	
日本	◎	にほん	×	ニホン	×	NIHON	×
						Nihon	×
		にっぽん	△	ニッポン	○	NIPPON	△
						Nippon	×
		じゃぱん	×	ジャパン	○	JAPAN	×
						Japan	△

　その延長で、同じＰ音を含む「ジャパン」「Japan」も人気があります。「ジャ」の濁音が迫力を増す手助けとなっているからでしょう。こちらは「JAPAN」の大文字だけよりも「Japan」の表記の方が好まれる結果となりました。明確な理由はわかりませんが、「Ｊ」の文字を際立たせる効果が見込めるからかもしれません。公募ランキングで「ジャパンタワー」が16位に入っていますが、積んだグラスに酒を注ぐパフォーマンスの「シャンパンタワー」と読み間違えられないように、「Japanタワー」などの名称にした方がよいでしょう。

　今回、上記の表には挙げていませんが、日本やジャパンと言わずに日本を表現している名称提案もありました。Japanの「Ｊ」をもじって「Ｊタワー」としたり、「ジパング・タワー」とエキゾチックな響きを取り入れたり、レトロな名称の「大和タワー」「日ノ丸タワー」というアイディアも、リストにはありました。

　以上のことから、日本人はネーミングで自国を表現したい時に「日本」「ニッポン」「ジャパン」の三つを積極的に選び取る傾向があると言えます。

● **ピンポイントの地名が合う施設と合わない施設**

　あまりに狭い範囲を表す地名を600メートル級のタワーに付けてしまうと、タワーの規模が実際とは異なって印象付けられてしまう危険があります。もし「東京タワー」を「芝タワー」と言ってしまったら、港区増上寺周辺からは見えても都内の他の地区からは見ることが難しい、都心のビル群に埋もれてしまっている低い塔のようなイメージになるはずです。やはり、高層建築物に名前を付けるには、もう少し広域な視野を持つ必要があるでしょう。

　いざ建築が始まって、新しい電波塔が日に日に高く伸び、関東地方の広い範囲で見られるようになってからは、このタワーが東京都墨田区に建っている建築物という印象はもはや超越していきます。高層建築物は立地はもとより、どこから"見えるか"が重要な要素になって存在が主張できるという利点があるのです。建築前は2次元的に地図の1点に過ぎなくても、やがて600メートルを超える日本人の未知の高さに達するタワーですから、それの見える範囲の人たちがピンポイントの立地にこだわるよりも、3次元的に共有できる名称にする方が、末永く愛されます。将来的には、心のよりどころともなるでしょう。もし富士山の名称を「山梨山」とか「静岡大山」とかにしていたら、日本を象徴する名山として今と同じように愛されたかどうか、という疑問を抱かせるのと同じです。

　そういう意味では、新しいタワーには規模の面で「世界」とか「日本」ではなく、「墨田」「浅草」「下町」でもなく、やはり「東京」の地名を採用するのがしっくりくるのではないかと思っていました。関東一円、あるいはそれよりも広範囲の人た

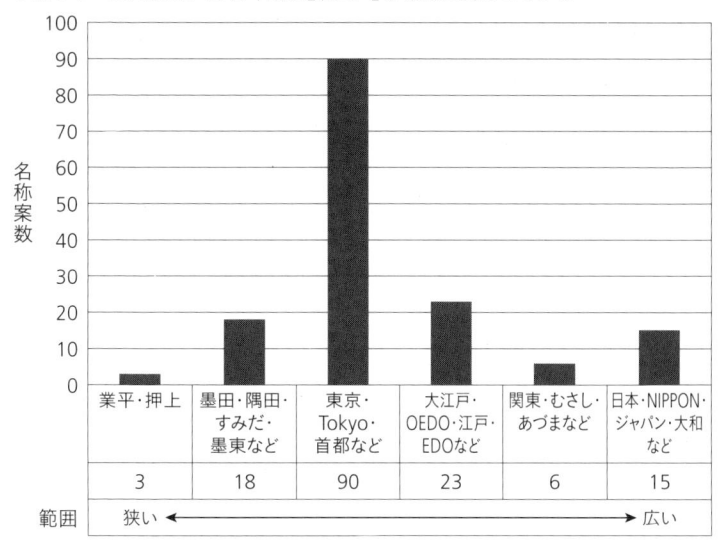

● 新タワーに入れたい地名：「東京」「江戸」が最も支持されている

名称案数	業平・押上	墨田・隅田・すみだ・墨東など	東京・Tokyo・首都など	大江戸・OEDO・江戸・EDOなど	関東・むさし・あづまなど	日本・NIPPON・ジャパン・大和など
	3	18	90	23	6	15

範囲　狭い ←————————————————→ 広い

ちの目には、「あのタワーが見える方角が東京だ」という意識で映るのではないでしょうか。

　以上の考察から、新タワーには地名を入れることが好ましく、その場合は最も支持が高い漢字表記の「東京」や「首都」が適切であると結論づけることができます。これはこの新タワーが、日本という国や関東地方、あるいは墨田区に建っているというのではなく、"首都である東京に建っている"ことを意識している人が多いことに裏付けられます。

● **「東京タワー」をベースにした名称案4パターン**

　ここまで見てきたように、今回の公募案の中では「〇〇タワ

ー」型のアイディアが9割を超え、地名を入れるなら「東京」の支持が高いと言えます。この傾向には、明らかにあの"先輩タワー"の存在が影響を与えていると言えるでしょう。東京都港区芝に建つ「東京タワー」です。

1958（昭和33）年に建てられ、半世紀以上を経た今もなお、朱に塗られたあのフォルムやライトアップされた美しさに誰もが心を奪われます。そして、幸か不幸か、東京タワーのインパクトが非常に強いため、墨田区に新しく建つタワーを当時は"新東京タワー"とか"第2東京タワー"と捉える人が少なくありませんでした。公募案を見ても、「東京」+「タワー」の要素を持つものがとても多くあるのがわかるでしょう。

「東京」+「タワー」の型を持つアイディアを四つのパターンに分けて、今回の公募案の分類を試みましょう。

Aパターン：「○○ 東京タワー」
Bパターン：「東京タワー ○○」
Cパターン：「○○ タワー 東京」
Dパターン：「東京 ○○ タワー」

AパターンとBパターンは「東京タワー」の名称の前後に語を足して新名称を作るものです。CとDのパターンは、「東京」と「タワー」の部分を切り離し、その順番を入れ換えて新たな語を足して作った名称案です。

Aパターン：「○○東京タワー」
今回主流だったのは、公募ランキングで345票を獲得して

「新+」	「ニュー+」	「ネオ+」	「第2+」
新東京タワー (2位 345票) 新・東京タワー	ニュー東京タワー NEW 東京タワー New Tokyo Tower	ネオ東京タワー NEO 東京タワー NEO TOKYO TOWER	第2東京タワー

　堂々の第2位となった「新東京タワー」に代表されるパターンです。これらは、「東京タワー」の前に「新」「ニュー」「ネオ」などを付けて、"新しくできる東京タワー"という直球勝負のネーミングを試みています。

　現在の東京タワーが1番目で、これから建てられるタワーは2番目の東京タワーであるとする発想から、名称に「第2」を付けるアイディアも寄せられました。「第2」を「Ⅱ」にしたり、英語にした「セカンド」や「ネクスト」、マンションやアパートの名称で使われる、別館を意味する「アネックス」という語を付けるという案は、今回はありませんでした。

　新タワーの名称案を募った2007（平成19）年の時点ではタワーの建築はまだ始まっておらず、新しい電波塔ができることを知っている人も大多数ではありませんでした。タワーの事務局や自治体にも「港区芝にある東京タワーが取り壊されるのか？」とか、「東京タワーがもう一つできるのか？」といった問い合わせが相次いだそうです。「新東京タワー」の仮名称で新タワーの建設が世に知られていたことで、多少の誤解を招いたようです。

　いざ、新しいタワーの建築が始まり、日々成長するその姿を見れば、芝の東京タワーよりもはるかに高く、異なる姿や色をしていることがわかります。しかし、やはり新タワーの建設計

画が十分に浸透していない時点では「別の東京タワーが建つ」というイメージがあってもやむを得ないかもしれません。

新タワーが竣工した現在、名称をあらためて公募したとしたら、「東京タワー」のネーミングを軸とした提案数はおそらく当初よりぐっと減るのではないかと想像します。

Aパターンではこのほかにも、"より大きな東京タワー"のイメージで「大東京タワー」、"平成時代の東京タワー"といった切り口で「平成東京タワー」、そして"デジタル時代の東京タワー"で「デジタル東京タワー」との提案もありました。「東東京タワー」というアイディアもありましたが、「東」の字が二つ重なるため「とうとう京タワー」や「あずま東京タワー」などと読まれる可能性を回避できるように、例えば「ひがし東京タワー」のような工夫が表記にあるといいでしょう。

建っている場所が江戸時代の庶民の生活に縁があると捉えて「大江戸東京タワー」「江戸東京タワー」とする提案もありました。東京江戸博物館の名称にヒントを得たのかもしれません。

「大+」	「平成／江戸+」	「デジタル+」	「東+」
大東京タワー	平成東京タワー 江戸東京タワー	デジタル東京タワー	東東京タワー
大江戸東京タワー			

Bパターン:「東京タワー○○」

「東京タワー」の名称に数字を付けることで、既存の電波塔と差別化を図るアイディアもありました。「東京タワー610」と「東京タワー21」です。前者は、新タワーの高さが610メートルになると当初は発表されていたので、その数値を足した

「+610」	「+21」
東京タワー610	東京タワー21

もの、後者はおそらく「21世紀の」という意味を込めた21という数字を入れたのだと想像します。

　Bパターンの提案はそれほど多くなく、「〇〇東京タワー」の形の方が圧倒的に高い支持を得ています。ニュース番組などで「ニュースセンター６３０（ろくさんまる）」のように、放送開始時刻を数字に置き換えて入れるネーミングがしばしばありますが、建物の名称などにはあまり使われていない手法です。

Cパターン：「〇〇タワー東京」

　「首都大学東京」「新銀行東京」のように、「東京」の地名を入れる時には名称の最後に置きたくなる傾向も見られます。公募案にも、「スカイタワー東京」、「ニュータワー東京」、「ハイタワー東京」、「首都タワー東京」「新タワー東京」といった「〇〇 タワー 東京」の語順に則ってネーミングを提案しているものが目立ちました。

　この倒置法は「東京」の名称に限って積極的に行われている印象です。他の道府県名や地名では、タワーの後に持ってきた時、あまり据（す）わりはよくないと感じます。例えば「スカイタワー日本」とか「ニュータワー墨田」などでは、「日本スカイタ

「スカイ+」	「新+」	「ハイ+」	「首都+」
スカイタワー東京	新タワー東京 ニュータワー東京	ハイタワー東京	首都タワー東京

ワー」や「墨田ニュータワー」と言った方が聞こえがいいはずです。加えて「首都」と「東京」の意味が重複しているので、限られた字数から伝えられる情報量は少なくなってしまうリスクもかんがみる必要があります。

Dパターン:「東京○○タワー」

「東京」の地名を使って提案された名称の多くが「東京○○タワー」のパターンに則っていました。このアイディアがＡＢＣＤの四つのパターン中では最多で、いろいろな意味をサンドイッチしている提案がありました。付加される語の意味に応じて、便宜上、以下のようにD①〜D④に分類してみたいと思います。

D①「東京」+「〈大規模〉」+「タワー」

まず目立ったのは、新タワーがこれまでにない大きさであり他に類を見ない圧倒的な高さの夢のような電波塔であることを盛り込みたい、という名称群です。

「スーパー」「ビッグ・ビック」「メガ」「グランド」「ドリーム」「ミラクル」といった、日本人に馴染みのある短い外国語由来の形容詞を入れるアイディアは人気がありました。このほかにも、「東京タワー」に付加した形式ではありませんでしたが、世界一に迫る高さになることを強調して「ハイ」「トップ」などの言葉を選んだ提案もありました。「メガ」は、最近の若者に好まれる表現で、例えば牛丼の超大盛りのことを「メガ盛り」と言ったりするように、「破格の量の」という意味を表しています。

このほか、橋本五郎監修『新日本語の現場』(2003年、p.51)

〈大きい〉	〈すごい〉	〈高い〉	〈夢のような〉
東京ビッグタワー	東京スーパータワー	東京ハイタワー	東京ドリームタワー (7位 134票)
東京ビックタワー	東京メガタワー	東京トップタワー	
東京グランドタワー			東京ミラクルタワー

が「『超』の意味は時代とともに拡張し、新鮮な響きの造語を次々と生んできた」と指摘しているように、若者が好んで使う接頭語に「超」があります。ですから「超」を使って「超東京タワー」とか「東京超タワー」「超ハイタワー」のような形で登場してもいいのではないかと思いました。ところが、今回のリストには該当する候補はありませんでした。やはり「超」は形容詞や副詞を修飾するのに用い、広告コピーなどには使われても、ネーミングには好まれないようです。

日本人が外来語として使う機会がそれほどない語でも、例えば英語の「スーペリア superior」（素晴らしい、超越した）とか、「スカイスクレイピング skyscraping」（空を引っかきそうなほど超高層の）、「マグニフィセント magnificent」（壮大な）、「エクストラオーディナリー extraordinary」（並はずれた）、「マーベラス marvelous」（素晴らしい、立派な）「グロリアス glorious」（輝かしい）といった語は、新タワーを形容するのに適切な意味を含む表現かと思いますが、それらを使った提案は挙がっていませんでした。やはり、カタカナにした際に文字数が多くなったり、発音が難しかったりしますので、日常使う機会のあまりない外国語表現は、わざわざ自国のタワーに付けたいとは思わないのでしょう。

D ②「東京」+「〈都会的・立地・国際的〉」+「タワー」

東京都内には数多くのホテルがあり、それらの多くが「東京」の地名を冠しているため、私たちは知らず知らずのうちにホテル名を覚え、その名称に含まれる語に都会の洗練されたイメージを投影することがあります。それらの典型が「メトロポリタン」「センチュリー」「キャピタル」といった語群です。これらは都会の喧騒やホテル名を連想させるため、新タワーの名称案にもたびたび登場しました。

これらの表現は日頃から「東京+」という語を伴って、カタカナ名称として接する機会が多いことも理由の一つでしょう。馴染のあるぶん、カタカナの字数が多少多くても大丈夫ということでしょうか。さらに、これらの名称にはS音やT音、P音が好まれる傾向が見られます。

その一方で、新タワーが東京の東、隅田川沿いの下町に建つことを表現した名称案もありました。「東京ダウンタウンタワー」は同じような音が繰り返し出てくる長い名称なので、覚えやすい反面、TDTTのようにアルファベットに略される運命にあるでしょう。

新タワーが世界の人たちにも愛される塔になってほしいという願いを込めて「国際」「グローバル」「ワールド」「ユニバ

〈都会的〉	〈立地・方位〉	〈国際的〉
東京メトロポリタンタワー	東京ダウンタウンタワー	東京国際タワー
東京センチュリータワー	東京リバーサイドタワー	東京グローバルタワー
東京セントラルタワー	東京イーストタワー	東京ワールドタワー
東京キャピタルタワー		東京ユニバーサルタワー
東京シティタワー		

ーサル」が入った名称も提案されました。「国際」という語は1980年代からネーミングにも多用されてきましたが、その頻度が高すぎたため、30年余り経った今となっては、少し使い古され飽きられた感があります。

　この発想に基づけば、公募案の中に「インターナショナル」と英語に言い換えたものがあってもいいように思いました。しかし、名称が長くなってしまうためか、リストには「インターナショナルタワー」を支持する提案は登場しませんでした。「グローバルタワー」は、別府国際コンベンションセンターのシンボルタワーの名称としてすでに使われています。また、「ワールド」や「ユニバーサル」も日本人に好まれる言葉ですが、アミューズメントパークや遊戯アトラクションなどを連想させやすいようで、タワーの娯楽性は強調できても、高さや役目についてアピールするには情報に欠けるかもしれません。

D ③「東京」+「〈輝き・太陽・天空・宇宙〉」+「タワー」

　新しいタワーの色は白。昼間は太陽の光に輝き、夜はライトアップされて夜空を彩るキラキラとした姿をイメージする人も多かったようです。「光／ひかり」、「クリスタル」、「ダイヤモンド」、「レインボー」といったまばゆい光を連想させる言葉を選んだ提案も複数ありました。「光／ひかり」も適した言葉だ

〈かがやき・光〉	〈日の出〉	〈天空・宇宙〉
東京クリスタルタワー	東京サンライズタワー	東京スカイタワー （5位　166票）
東京ダイヤモンドタワー	東京ライジングタワー	東京天空タワー
東京光タワー		東京スペースタワー
東京ひかりタワー	※建設プロジェクト名は 「ライジングイースト」	東京宇宙タワー
		東京コスモタワー

と言えますが、新幹線の名前と同じになってしまうという点を考える必要があります。また「光タワー」とすると光源とか照明用の塔というニュアンスも含まれます。

「クリスタル」や「ダイヤモンド」の語は宝石の名を採って美しいイメージですが、マンションの名前に頻繁に使われているうえ、「パレス」を伴ってゲームセンターやパチンコ店などの施設の名称として人気が高いという現状があります。これらの建物や施設と混同されないようにするために、タワー名として何か一工夫がほしいところです。

この建設プロジェクトが「ライジングイースト」という名前だったことに関連して「サンライズ」「ライジング」を入れる案も多数ありました。

そして、610メートル（当初の予定）のタワーが天に達するほどのものだと表現する名称提案もありました。114ページに示した上位21案でも「東京スカイタワー」が166票で5位にランクインしています。そのようなイメージを抱いている応募者は、「天空」「宇宙／コスモ／スペース」などの言葉も好んでいます。「宇宙」を使った案は、1958（昭和33）年の東京タワーの名称候補11位に「宇宙塔」がランクインしていることからも、高い塔を連想させる語として長年親しみを抱かせるものだと言えるでしょう。

D ④「東京」+「〈新〉」+「タワー」

Aパターンと同じく、新タワーが「東京に建つ新しいタワー」「東京の2番目のタワー」を伝える名称案もありました。「東京第二タワー」、「東京新タワー」、「東京ニュータワー」、「東京ネオタワー」などです。

〈新〉	〈第二〉
東京新タワー 東京ニュータワー 東京ネオタワー	東京第二タワー

　新タワーの名称を「○○タワー」にしたいと考えている人がほとんどで、地名を入れるなら「東京」が高く支持されているという事実から考えると、「東京タワー」という電波塔の先輩の存在感が非常に大きいと言えると思います。上記にまとめたように、ネーミングのバリエーションも「東京タワー」を軸にしたものが多く、やはり建築前の新しい電波塔の名称案を短期間で募るのには、「東京タワー」の名前を無視することはできなかったと言えます。あらためて私たちの中の既成概念が、ネーミングに色濃く投影されていることがわかります。

● **「スカイ」「未来」「夢」が"マジカルワード"**

　ここまで、ネーミング案の語順を中心に考察しましたが、別の切り口から提案されたものも考えてみましょう。公募で提案された名称には、好まれる言葉やイメージの傾向が見て取れます。挙がってきた名称案を人気の高い言葉に分けて以下にまとめました。すると、新タワーの名前に期待される三つの言葉のグループがあることがわかります。

　最も支持が高いものは、「空」にまつわる言葉のグループで、「スカイ」「天空」「青空」などです。英語で「スカイ／Sky」を入れるとする案が最も多く、得票数上位21案のうち5位と9位に「スカイ」が入っていることからも期待の高さが伝わり

① 「スカイ／空」にまつわる語群を含む名称案 (順位は得票数上位のランキング)

「スカイ／Sky」	東京スカイタワー (5位 166票) ブルースカイタワー 江戸スカイタワー すみだスカイタワー Tokyo Sky Tower	スカイタワー (9位 106票) スカイタワー東京 新東京スカイタワー 東京スカイツリー Sky Tower
「天空」	天空タワー (14位 63票) 天空の塔	東京天空タワー 天空
「青空」	青空タワー	

ます。このすべてが「スカイタワー」を含む名称であることも注目に値します。また、天に伸びるタワーをイメージして、「天空」の語の提案もあり、得票数ランキング14位で63票投じられました。そして、「青空」もこの語群に加えるなら、空にまつわる語群は全部で14案。「スカイ」は空港内施設や商品、航空会社の様々なサービスなどにも好まれて使われる言葉です。これに「タワー」や「塔」などの語を付けることで、天に届く高さのある建物を表現することができます。

「未来」に関する語群も高い人気がありました。今回のプロジェクトのキャッチコピーが「やさしい未来が、ここからはじまる。」だったことも影響を与えていると思いますが、それ以上に日本人が「未来／みらい」という言葉が好きだという点も大きいでしょう。「未来」は、神奈川県横浜市の「みなとみらい」を始め、すでに多くの施設名に使われています。地名では「つくばみらい市」、大学名にも「はこだて未来大学」があります。

名称に限らず「未来／みらい」は多くの消費者に好まれるので、企業のイメージ向上を狙う広告のフレーズなどでもたびた

②「未来」にまつわる語群を含む名称案

「みらい／未来」	東京みらいタワー みらい 未来タワー（11位　85票） 未来塔 江戸未来タワー 大江戸未来タワー	みらいタワー 江戸みらいタワー 東京未来タワー（17位　54票） 新未来タワー 日本未来タワー
「フューチャー」	フューチャータワー	

び使われます。例を挙げると、「目指してる、未来がちがう。」（シャープ）、「あなたの未来を強くする」（住友生命）、「未来へずっと」（日清製粉グループ）、「人輝く、食の未来」（ニッポンハムグループ）、「地球の未来に会いに行く。」（愛・地球博2005）、「クルマが未来になっていく。」（トヨタ自動車）、「未来製作中」（村田製作所）など、数多くの広告文句で見られます。新聞を開けば、きっと1日1本は「未来」の言葉が入った広告を目にできるのではないでしょうか。

「未来」という語には、単純に「これから先のこと」という意味があるだけでなく、社会のゆくすえ、技術の進歩、人々の成長といった解釈が加えられます。前向きになれるイメージを抱かせる効果があるとも言えるでしょう。確かに、完成した後も50年、100年と親しまれてほしいタワーですので、「未来」という語にこういった期待を込めたいと願うのも頷けます。

今回の公募では、「未来」の表記の方が7案で支持が高く、ひらがなで「みらい」は4案でした。カタカナで「ミライ」、あるいはローマ字書きで「MIRAI」「Mirai」などの提案はありませんでした。

日本人が馴染んでいると思われる英語の「future」という語

は日本でのネーミングには人気があまり高くありません。今回のリストには「フューチャー」が入る名称は1案のみ。「未来」に対し、「フューチャー」が支持されない理由は、カタカナ文字が多いこと、「タワー」の部分まで入れると長音「ー」が三つになるうえ、「フュー」の部分がやや発音しづらいことが影響していると考えられます。

　そして三つ目の語群は、「ドリーム／夢」にまつわる表現のグループです。新しいタワーが夢のような高さや最先端技術を誇ることを強調した提案が7案ありました。上記の表を見ても、「ドリームタワー」と「東京ドリームタワー」がともに100票以上獲得して人気ベスト10入りしていることから、日本人が「ドリーム」好きであることが裏付けられるでしょう。

　同様に「夢／ゆめ」も好まれます。「夢」という語には、寝ている間に頭の中に浮かぶ幻想という意味だけでなく、いつか叶えてみたいと思い描く願望、心躍るわくわくしたロマン、希望、「夢の共演」のような意表を突く取り合わせなどの意味が含まれます。

　例えば、山口県下関市のタワーは「海峡ゆめタワー」と名付けられていますし、国体でも「2009年ゆめ半島千葉国体（2009年）」や「ゆめリンク愛知国体（2012年）」のように「ゆめ」が添えられています。「未来」と同様、「夢」は私たちがネ

③「ドリーム／夢」にまつわる語群を含む名称案

「ドリーム」	ドリームタワー（7位　134票）　東京ドリームタワー（8位　112票） 新東京ドリームタワー　　　　　ドリーム・タワー
「夢／ゆめ」	夢タワー　　　　　　　　　　　　東京夢タワー 東京ゆめタワー

ーミングでつい使いたくなる、引きつける言葉だと言えるでしょう。

「夢」は、広告でも"マジカルワード"として機能しています。例を挙げると「あなたに夢を、街に元気を。」（宝くじ）、「夢よ、ひらけ。」（東京ディズニーリゾート）、「夢みるコンピュータ。」（富士通）、「夢みるマクドナルド」（日本マクドナルド）などは、すべて「夢」というマジカルワードを使って広告活動を展開しています。

ところが、日本語では大きな希望や願いなどを表す輝かしい言葉として使われている「ドリーム」や「夢」は、国際的な名称として採用するのに注意が必要です。なぜなら、英語で"dream"は、幻想や地に足が着いていないぼんやりとした心理状態を表す、ネガティブな意味合いにもなるからです。

例えば、将来の職業にまだ漠然とした憧れしか持たない小学生に"What is your future dream?"と聞くことはできますが、すでに専攻も決めた大学生に同じ質問をすると、進路の見通しが未だにぼんやりしている状況にあるように聞こえてしまいます。日本語では小学生にも大学生にも「将来の夢は？」と聞けても、英語では大学生には"What is your future plan?"のように聞く方が適しています。このように、日本語を母語とする人たちには何ら違和感のない「ドリーム」をタワーの名称に使うと、英語圏の人たちには「未だ建設計画が青写真の段階のタワー？」と誤解される可能性も出てしまいます。したがって、この言葉を名称に入れたい場合は「ドリーム」よりも「夢／ゆめ」の方が安全であると言えるでしょう。

以上の三つの語群から判断できるのは、新タワーには、超高

層電波塔をイメージさせる「スカイ」の語が入っている名前、日本人全般が好む"マジカルワード"の「未来」または「夢」のいずれかの語が入っている名前に支持が多いということです。

● **人気のあるコンセプト：さくら、日の出、デジタル新時代**

このほか他にも、ネーミングの公募で多く挙げられたコンセプトをいくつか拾い出してみましょう。

今回、「さくら」の語を含む提案が多く見られました。ランキングでは3位の207票を獲得した「さくらタワー」を始めとして、漢字1字で「桜タワー」、カタカナで「サクラタワー」、ローマ字で「SAKURA TOWER」や「SAKURAタワー」などがありました。「すみださくらタワー」「東京さくらタワー」も、桜のイメージが広がる名前です。

隅田川といえば桜の名所ですし、名称募集の際のタワーの完成イメージ図でも桜が咲いている様子が描かれていて、それを見た人たちから「さくら」を入れるアイディアが寄せられたのだと想像します。桜を「チェリー」と言い換えた提案はありませんので、やはり日本人は「さくら」の3音の響きも好んでいると言えます。桜以外の花の名前はリストには挙がっていませんでした。「うららタワー」という提案もあり、さくらの名前は入っていないものの春の隅田川の桜の情景が目に浮かぶ、実に雅な名前でほほえましく思いました。

日が昇る（ライジングサン）イメージにまつわる言葉群を含むアイディアも公募案の中には少なくありませんでした。新タワー建設のプロジェクト名が「ライジングイースト」ですので、

「ライジングタワー」「Rising East Tower」「サンライズタワー」「日の出タワー」「サンタワー」といった、日の出にちなんだネーミングが数多く寄せられました。夜明けを連想させる「あけぼのタワー」も文学的です。かつての日本が「日出る処の国」と呼ばれたことから、新タワーが朝日を浴びて美しくそびえ立つ様子が思い描かれます。

そして、このタワーはデジタル放送の電波を送るのが最大の役目ですので、その新時代の幕開けを強調する「デジタル」に関連する言葉を入れる案も出されています。「デジタルタワー」「デジタワー」「地デジタワー」「大江戸デジタルタワー」などは、携帯端末向けのデジタル放送サービスやスマートフォンの用のアンテナも持つ新タワーの機能を前面に出したわかりやすいネーミング案だと言えるでしょう。

● ものや願いに見立てた発想

前に見た「東京スカイツリー」の案のように、新タワーを何かに見立てて名前を考えた例もあります。

例えば、「トライアングルタワー」。これは秀逸です。新タワーは、狭い土地に頑丈な電波塔を建設するために、土台を従来の四角形から三角形にしています。■よりも▲の方が、同じ面積の上に建っていても１辺を長く取れるため、安定した構造を得られるからです。しかし、展望フロアは三角形では使い勝手が悪いため円形にする必要があります。そのため、新タワーの足元は三角形、それが上に伸びるに従って徐々に円形へと変化していく独特のデザインになっているのです。新タワーを空から見れば三角形、下から見上げれば円形になる曲線美を楽しめ

る仕掛けです。「トライアングルタワー」の名称は、タワーの設計に注目したユニークなアイディアだと言えます。

　「ビッグアイタワー」の名もタワーの形をよく表しているアイディアです。「アイ」はアルファベットの「I」で、高くすっきりとしたフォルムを文字でも楽しめる仕掛けになっています。また、「あい」は「愛」や「会い」、「I（私）」や「eye（目）」にも通じる多義性を持っている音。外国人にも発音しやすい点も評価できます。タワーが多くの人の目に触れて、愛され、出会いの場となることを願う意味が込められている、広がりのある名前です。

　タワーを月に見立てた「ムーンタワー」も興味深い発想です。新タワーのデザインには、「そり」と「むくり」という独特の湾曲した線が組み合わされています。これらの曲線と月の滑らかな形とを重ね合わせて、白い色を基調としたタワーが月のように夜の東京に輝く幻想的な姿が想像できる名前です。

　このほかにも、世界の平和や幸福を願う「ピースタワー」や「ハッピータワー」、「希望タワー」など、新時代のタワーとして明るく前向きなイメージを与えるアイディアが目に留まりました。「ハートタワー」や「江戸ハートタワー」も、日本のheart（中心・心臓）に建つタワーという意味と、江戸文化の心意気を伝える存在としてのタワーを表している名称で、面白いと感じました。

　ここまで、電波塔のネーミングの歴史や既存のタワーの与えるイメージ、地名などから、私たちが新タワーにどのような期待を寄せているのかを見てきました。果たして最終候補案に残

るアイディアはどれになるのでしょう。

[注]
1) 世界大タワー連盟（World Federation of Great Towers：WFGT）に加盟しているものを中心にリストを作成。
2) 竣工した当時、東京タワーの高さは332メートルと発表されていた。（朝日新聞、1958〔昭和33〕年10月19日朝刊）
3) 東京電波塔研究会著『東京タワー99の謎』二見文庫、2006年、p.60-61より。
4) JR東日本　プレスリリースより。http://www.jreast.co.jp/press/2010/20100504.pdf
5) ライジングイーストプロジェクト2007（平成19）年7月発行パンフレットより。
6) 2007年10月25日「新タワーの名称案を公募いたします」プレス用資料より。
7) データは、2008年3月19日「新タワー名称候補が決定しました」記者会見配布資料を参考に、筆者がグラフを作成。
8) 名称案の公募は、パソコンからの応募のみ。携帯電話からの投票は、最終候補6案から1案を選ぶ際に採用された。

⑤

ネーミングを6案に絞り込んで全国投票

● **商標登録されている名称をチェック**

　ここで、名称検討委員会の出番となります。258 ものアイディアをまとめたリストを元に、名前がすでに商標登録されていないか、酷似する名前を持つ建物がないか、主要な外国語で変な意味が生じないか、英語名称にした時に据わりが良いかどうかなどをチェックし、新タワーにふさわしい候補を絞っていく作業を始めます。

　今回の公募で最も支持された名称案は「大江戸タワー」で、114 ページのランキングにあるように、その数は 492 票。圧倒的な支持が集まっていますので、これを最有力候補にしたいところです。しかし、調べると残念なことに、建設予定地近くにある和菓子店が「大江戸タワー」の商標登録をすでに済ませていました。その和菓子店では、新タワーの名称は「大江戸タワーに違いない」と予想して商標を先回りして取得していたそうで、今回のタワーの名称候補には使えなくなりました。

　加えて、「大江戸」の言葉は都営地下鉄の大江戸線で使われています。新タワーは地上高くそびえる建物ですので、地下を走る路線のイメージと相反するおそれがあります。施工主は東武鉄道ですから、新タワーの名称をあえて他の路線名と同じに

する積極的姿勢があるとも考えにくいでしょう。このような理由から、商標を買い上げても「大江戸タワー」にしようという動機は弱かったと言えます。

　ランキング第2位の「新東京タワー」は345票を獲得していて、こちらも有力候補かと思われましたが、やはり「東京タワー」の名称も商標登録されていました。意外なことに「東京タワー」という愛称は竣工から30年経って商標登録されていますので、それ以前に「東京タワー」という文字列を高層建築などに使うことは理論上可能でした。

　東京に建つ新しいタワーを示唆する名称案を最終候補に入れるかどうかを考えた場合、商標問題を差し置いても、今回の新タワーが芝にあるタワーとは全く別の電波塔であることを主張するために、「東京タワー」を強く連想させる名前を最終候補案に残す必要はないと委員の多くは考えました。東京タワーが2基になるわけではありませんので、「東京」にある「タワー」の要素は残しながらも、新しい電波塔の個性を発揮する必要があるのです。このような考えから、「新東京タワー」「ニュー東京タワー」「江戸東京タワー」「大東京タワー」といった名称案は最終候補から外されました。

　3位で207票入った「さくらタワー」は美しい名前ですが、都内ホテルにある建物の名称として商標登録済みでした。同様に、5位の「東京スカイタワー」、9位の「スカイタワー」も、愛知県名古屋市千種区の東山公園に「東山スカイタワー」という展望タワーがあることに加え、すでに「スカイタワー」という名称が商標登録されているので、使うことが叶いません。

　4位の「日本タワー」は、商標面では問題はありませんでし

たが、すでに「日本タワー協会」という組織があり、その名称と混同されるおそれがあります。読み方も「にほん」か「にっぽん」かで、人々の意見が割れそうです。その点、「ジャパンタワー」なら大丈夫でしょう。

15位の「レインボータワー」も良い名称案ではありますが、東京湾にはレインボーブリッジがかかっているので「レインボー」の名前が似てしまうおそれがあります。加えて、新潟県新潟市の「万代シテイ」内にある塔の愛称にも「レインボータワー」の名称が使われているので、この名称案を支持する積極的な理由が弱く感じられます。

10位「すみだタワー」と13位「墨田タワー」も、あいにく商標が壁となり使用できません。20位の「お江戸タワー」はSF時代劇にも出てきそうなユニークな名称ですが、ローマ字書きした際に「OEDO」となり、商標登録済みの「大江戸タワー」と似てしまうばかりでなく、日本語を母語としない人には経済協力開発機構（OECD）といった組織の一種が建てたタワーと誤解される可能性もあります。

トップ20には入っていませんが、「東京デジタルタワー」も適した名前だと私は感じていました。ところが、瀬戸デジタルタワーを始めとして同じ名称を持つタワーが国内に多数あることがわかり、混同を避けるために似た名称は用いない方がいいという判断となりました。同じく「東京イーストタワー」もスマートな響きを持つ名前ではありますが、これもマンションの名前として使われていました。最近ではタワー型のマンションが数多く建築され、それらの多くが「○○タワー」の名称になっていることから、使える言葉の範囲が狭まりつつある事実が

商標登録済の名称・避けた方がいいと判断された名称→×
他施設との混同が発生する可能性がある名称→△

順位	商標	名称案	得票数
1	×	大江戸タワー	492
2	×	新東京タワー	345
3	×	さくらタワー	207
4	△	日本タワー	206
5	×	東京スカイタワー	166
6		江戸タワー	157
7		ドリームタワー	134
8		東京ドリームタワー	112
9	×	スカイタワー	106
10	×	すみだタワー	102
11		平成タワー	85
11		未来タワー	85
13	×	墨田タワー	69
14		天空タワー	63
15	△	レインボータワー	58
16		ジャパンタワー	56
17		東京未来タワー	54
18		サンライズタワー	51
19		下町タワー	50
20		EDOタワー	48
20	△	お江戸タワー	48

あり、それが審査の進行を阻みます。かつて確立されていた「○○タワー」イコール「電波塔」の関係が崩れてきているのを実感しました。1958（昭和33）年当時とは、商標登録の面も含め、かなり状況が異なっているのです。

　このように、多くの名前の商標をチェックした結果、上位21案の中にすでに登録されているものが多数含まれていることがわかりました。なんと、7案が商標に引っ掛かるのです。そして、混同するおそれのある類似建築物の名称と重複させないことも配慮すると、上位20案の中から以下の11案のみが

商標問題をクリアし、他施設や建築物との混同が懸念されない名称案

順位	名称案	得票数
6	江戸タワー	157
7	ドリームタワー	134
8	東京ドリームタワー	112
11	平成タワー	85
11	未来タワー	85
14	天空タワー	63
16	ジャパンタワー	56
17	東京未来タワー	54
18	サンライズタワー	51
19	下町タワー	50
20	EDOタワー	48

検討対象として残る結果となりました。

「江戸」と「EDO」、「ドリームタワー」を含むものが2案、「未来タワー」を含むものが同じく2案あるなど、似た要素が重なっていることに気づくと思います。これらの特徴を残しつつ、どのように最終候補案へと集約していくかも委員会の検討課題となりました。

とはいえ、票数の多い名称は、裏を返せば"誰もが思いつきやすいアイディア"ということです。すでに商標登録されていたり、既存の建物名として付けられてしまっている可能性が高いと言えます[1]。それらを避けて、いかに魅力的で支持される名称を付けるかが、タワーのネーミングに限らず、多くの施設や商品の名称を検討する際に念頭に置かなければいけないポイントです。

● **外国語母語話者によるチェック：「空(くう)」はNGワード？**

続いて、主要外国語で変な意味にならないかどうかのチェッ

クを行います。新タワーは東京、いや日本の新しいランドマークになりますので、外国からも多くの観光客が訪れる国際的な名所になるはずです。その人たちにとって「あらら、こんな名前にしちゃって……」と思われないためにも、主要外国語による入念なチェックが必要になります。

　今回は、中国語、台湾語、韓国語、英語、フランス語、イタリア語、スペイン語、ドイツ語、ポルトガル語、ロシア語の10言語による審査が行われました。それぞれの母語話者に名称案を見せ、その音や語の意味から受ける印象を率直に述べてもらいます。それらの中から「直訳した場合、各言語において問題のある意味になる語」と「大問題ではないが、直訳が各言語において異なる意味になる、または悪いイメージになる語」を基準に、該当する例をピックアップしていきます。この作業を行うことによって、国際的に使ってはいけないNGワードを把握することができるのです。

　日本語話者が想像もしなかったような感想に驚かされました。例えば、「富嶽タワー」は地元出身の浮世絵師・葛飾北斎が描いた『富嶽三十六景』を思わせる、日本人にとっては荘厳で優美なイメージを抱かせる名称です。「富嶽」は富士山の別称で、日本一高い山。日本一高いタワーにふさわしい名前と思われましたが、中国語と台湾語話者から「『嶽』の字が監獄を指すため絶対にやめた方がいい」と指摘されました。塔の中に閉じ込められてしまうイメージになるようです。一方、英語話者は富嶽を「FUGAKU」と書くと、文字の並びが何となく下品なFワードを連想させてしまう危険があると感じるそうです。さらに、ロシア語で「フー」は、悪臭がする時に用いる擬

音語で、かなり抵抗感を生むのでやめた方がいいと判断されました。「富嶽タワー」の名称案がそのような評価を受けるとは思ってもいませんでしたが、諸外国語では漢字・アルファベット表記・音の三つの側面において避けなければいけない表現であることを知りました。

さらに、公募で人気の高かった「天空」を使った名称についても様々な感想が寄せられました。「天空」は宮崎駿の監督作品『天空の城ラピュタ』のタイトルにも使われている語ゆえ国際的に好まれるのかと思っていましたが、ポルトガル語で「くう」は肛門の俗語で非常に下品な意味が生じてしまうそうです。ポルトガル語は、ブラジルの国語でもあり、世界中で1億5000万人の話者がいますので、それを無視して「くう」の音を入れるわけにもいきません。さらに、中国語圏でも「空」は「空っぽ、中身がない」との意味があるため、建物の名前にはあまり好ましくないと思われるようです。「天空」は日本語話者にとっては良いイメージの語であっても、他言語話者にとってはNGワードになりうるのです。

新タワーのプロジェクト名に由来する「ライジングタワー」も日本人は良い案だと思ってしまいますが、台湾語では「ライジン」は「ぶん殴ってこい」という発音に類似するうえ、英語では"-ing"が付くと、未だ建築中であるかのようなイメージを与えかねないのだそうです。ドイツ語の話者には「ライジング」は「ちょっとアグレッシブ。武器を持って立ち上がるイメージがある」とコメントされました。国や地域によっては、同じ英語の表現ではあっても、微妙に異なる解釈をされうるのです。

東京を表す「東（あずま）」を冠したタワー名なら、東京タワーとは異なる建物を指せるのではないかと期待していましたが、韓国語では「あずま」は「おばさん」の意味になり、英語では発音が"Asthma（ぜんそく）"に似ていてタワーの名前にはそぐわないと判断されました。加えて、スペイン語で「あずまたわー」の下線部が「mata-matar（殺す）」を連想させる強烈な印象になる音の並びになるそうです。

　外国語チェックでおおむね好評だったのが「江戸タワー」「ドリームタワー」「みらいタワー」などでした。特に「みらい」の語は、スペイン語話者にとっては「音が美しい」、イタリア語話者には「覚えやすい」と好評で、ドイツ語話者には「『ミライ』には『サムライ』を連想させるかっこいい響きがある」と熱烈に支持されていました。日本語話者は、「未来」と「侍」の音が似ているなどと考えたこともないでしょう。公募では「サムライタワー」の提案もありましたので、外国人には人気が出る名前かもしれません。

　言語の音は全く恣意的であると実感すると同時に、私自身も国際的な名称を選ぶ際の新たな着眼点を得た気がしました。

● 英語訳にした場合の各名称の印象

　名称を英語に訳した場合、それらがどのような語で表現され、語順や文字表記に問題が生じないかのチェックも行われました。

　例えば、「和ノ塔」という名称案に対し、英語で Wanoto Tower とするとわかりにくいので、指摘では Tower of Wa と倒置した方がよいと指摘されました。

「ゆめみやぐら」は、「ものみやぐら」をもじって遊び心にあふれているため、日本人にとっても面白みのある名前ですが、平成生まれの若者の中で「ものみやぐら」を知らない人も増えています。加えて、英語表記だとYumemiyaguraですので、非常に長くなってしまいます。ならば、Dreaming Towerにすればいいのですが、前に指摘したようにdreamの語が英語話者にはふわふわとした可愛らしいイメージを与えるため、今回のシャープで最新鋭の高層電波塔にはそぐわないと感じられるようです。名前の由来となった「ものみやぐら」を外国人に説明するのも多少煩雑に感じられます。

　そのほかにも「未来タワー」をFuture Towerと英語訳すると、"今後建てられる計画の塔"という語感が出てしまいます。したがって、そのままMirai Towerとする方がよいとのアドバイスでした。

● 名前の要素の"練り込み"作業

　ここまで、公募で人気のある名称はすでに商標登録されていたり、どこかで似た名前の使われている可能性が高いことがわかりました。と同時に、日本人に人気のあるコンセプトや言葉にもある程度の傾向が見られ、それらを外国人が耳にしたり、名称の表記を目にした時、必ずしも一致したイメージを持つとは限らないことも確認できました。これらの理解は非常に有意義であり、一般公募で寄せられた名称案のランキングをそのまま最終候補案へと反映させることをしなくてよかったと思いました。これらは、新タワーの名称に必要な要素を抽出する不可欠なプロセスだったと言えるでしょう。

名称検討委員会および事務局では、公募で集められた名称案を参考材料に、言葉の要素や名称表記の"練り込み熟成作業"を行いました。例えば、公募第6位の「江戸タワー」を始めとして、「江戸」の地名が入っているアイディアが多数寄せられたことを受け、委員会では「江戸」を何らかの形で最終候補案に残そうという機運になりました。「大江戸」は地下鉄名や商標の問題から避けた方が無難な言葉の筆頭に挙がりましたが、「江戸」なら大きな問題はなさそうです。江戸時代のタワーと誤解される余地がないように、公募20位にランクインした「EDOタワー」にならって表記を「EDO」とローマ字書きにし、さらに現代の東京に建っていることがわかるように「東京」の地名を冠して「東京EDOタワー」という候補案へと練り上げられました。

　同様に、第11位の「未来タワー」、第17位の「東京未来タワー」は、「みらい」という音が外国語話者にも好評だったことを考慮し、読みやすいようひらがな表記にして「みらいタワー」の名称案へと練り上げました。私個人としては、横浜の「みなとみらい」などの名称と差別化するために「東京みらいタワー」のように「東京」の地名を入れてもよかったかと思いましたが、ほかにも「東京」の入っている候補案が複数出されたため、あえてシンプルな「みらいタワー」を最終候補案に残すことに同意しました。

　建設プロジェクト名の「ライジングイースト」にヒントを得た「ライジングタワー」や「ライジングイーストタワー」、「Rising East Tower」なども広く親しまれているので、タワーの名称候補としてふさわしいと考えました。とはいえ、外国語チ

ェックでは"-ing"の部分が、建築途中であるイメージを与えてしまうとか、Rising が武器を持って立ち上がるイメージを与えてしまう指摘があったことを忘れてはいけないと思いました。さらに「ライジングイーストタワー」だとカタカナばかり 12 文字でとても長いので、名前が付いた暁には、人々は「イースト」を略して結局は「ライジングタワー」と同じに呼んでしまうのではないかといった懸念もありました。しかし、"関東の東・東京に建つ・東洋が世界に誇る・東武が建てるタワー"のように、東に非常に縁がある電波塔ですので、やはりイーストは残しておきたいとする考えも根強くありました。加えて、「Rising East Tower」の字面は国際的にも見栄えがするし、「RET」と略すと格好が良いといった表記上のメリットもあります。

　結局、「ライジングタワー」と「ライジングイーストタワー」のどちらか一方に絞り込むことができず、解決策としてこれらを統合・分岐させ、「ライジングタワー」と「Rising East Tower ライジングイーストタワー」という 2 案を最終候補に残すことになりました。

　私は、後者の名前について、同じ内容を英語と日本語（カタカナ）で併記しなければいけない理由が多少曖昧だと感じました。佐々木健一『タイトルの魔力』(2001 年、p.67) が言うように、「類似商品とは異なる優秀さを誇るのであれば、その商品は独自の名前、つまり固有名をもたなくてはならない」、つまり、似ていてはモノの存在意義が揺らぎ、独自性から生み出される価値が発揮できないことにもなるのです。類似したアイディアが選択肢に並べば、かえって一般投票で票割れを起こすお

それがあります。しかし、委員会ではEastの話を入れるか入れないかの結論を最後まで出すことができず、諸事情あって今回は両案とも採用となりました。

　上記の練り上げられた名称が、委員会での合意を得て、最終候補案の一角となりました。

　以上のプロセスを経て、「東京EDOタワー」、「みらいタワー」、「ライジングタワー」、「Rising East Tower ライジングイーストタワー」の4案を最終候補案へと推薦しました。一連の作業はパズルを解くように非常に複雑な思考を要するものではあ

● 名称要素・表記の練り上げ作業の見取り図

```
 6位   江戸タワー
20位   EDOタワー
20位   お江戸タワー
       EDO TOWER
       エドタワー
       東京江戸タワー
```
→ 東京EDOタワー

```
11位   未来タワー
17位   東京未来タワー
       東京みらいタワー
       みらいタワー
       未来塔
       新未来タワー
       みらい
```
→ みらいタワー

```
ライジングタワー
東京ライジングタワー
 RISING TOWRE
```
→ ライジングタワー

```
東京イーストタワー
イーストタワー
```
→ Rising East Tower
ライジングイーストタワー

5　ネーミングを6案に絞り込んで全国投票

りましたが、桜井惠子『ネーミング発想法』（2002年、p.39）が指摘しているように「世に出る前のネーミングは、いわば掘り出されたばかりの原石の状態といえます。そこに内在する輝きを見抜く感性と、それを磨きあげようとする企業側の熱い想いがあって、はじめてネーミングが光を放つことになるのです」という面を踏まえ、根気よく行う必要があると実感しました。

● 非「○○タワー」型案を最終候補に

最終候補案は五つ挙げることになっていましたが、ほかにも良いアイディアがたくさんあって、あと一つに絞ることが非常に難しく感じられました。以前も指摘した通り、私は公募で9割を超える「○○タワー」の雛型ネーミングを打破したいと密かに思っていました。新しいタワーがこれまでにない規模や機能を持っていることをアピールし、東京タワーを始めとする既存の電波塔とは一線を画すものであることを強く印象付けるためにも、非「○○タワー」型のアイディアにしたいと考えたからです。

私と同じ考えを持っている委員も何人かいて、「○○タワー」以外の名称案の中から良いものを選ぼうとする気運が見られました。

前に見たように、「大江戸櫓」の「櫓」という語を見つけた提案は斬新です。あいにく、「大江戸」という言葉が商標に阻まれ使えないので諦めましたが、何かの高層建築のネーミングに今後活用したいアイディアです。このほかに「YAGURA」と「ゆめみやぐら」の案もやはり目を引きます。「ゆめ」や「ドリーム」の要素も日本人に愛されていますので、「ものみ

やぐら」をもじった「ゆめみやぐら」を魅力的に感じました。「やぐら」という音の並びに、揺れをイメージさせる"ぐら"が入っているのが少し気がかりではありましたが、江戸情緒を残す「やぐら」の言葉の意味さえ正しく伝われば、他に類を見ない印象的な名称になると確信して、最終候補に入れたいと考えました。

そして、私個人としては、リストには少数案として添えられていた、タワーを大きな空に伸びる樹木に喩(たと)えた「東京スカイツリー」のアイディアもぜひ残してほしいと思っていました。新タワーが地表から立ち上がり、空に向かって伸びゆく姿は、まさに東京のエネルギーを糧に生える大樹。季節ごとに表情を変える姿も思い描けますし、夜にライトアップされる様子はクリスマスツリーも彷彿(ほうふつ)とさせます。環境保全の意識が高まる中、自然との調和の象徴としての存在感も出せます。タワーの建設される押上地区の近くには、かつて木場があり木材が集積されていて、木と縁のある立地。そういう縁からも、このアイディアは他の案にはない個性があると確信しました。幸い、この名称案を「夢や希望を感じさせる名前」として支持する委員が複数名いて、「ゆめみやぐら」とともに最終候補案の一つに「東京スカイツリー」が加えられました。

結局、最終候補は当初予定の5案ではなく、1案プラスした計6案となりました。6案はどれも個性があり、一般公募でのエッセンスも盛り込みながら、新しいタワーの名称としてその時点で考え得るユニークなバリエーションを取り揃えられたと私は自負しています。「〇〇タワー」の雛型に沿っているのは6案中4案。タワーを樹木や櫓(やぐら)に見立てたのもこれまでにない

新鮮な切り口で、投票する人たちの目を引くことでしょう。

　こうして選ばれた最終候補6案には、以下のような説明が付され、2008年3月19日の記者発表で公表されました。

新タワーネーミング全国投票名称候補（五十音順）と由来

- **東京EDOタワー**：E=ecology、D=digital, design、O=openの頭文字、EDO。「ものづくり文化」と、新しく築かれる「EDO文化」が交流し、新しい創造が広がっていく。
- **東京スカイツリー**：「ツリー＝木」は、人々が心を寄せる信頼の場所であり、癒しの場所。空に向かって伸びる大きな木のようなタワーは、人々の心が集う場所になる。
- **みらいタワー**：未来への希望を感じる、明るいタワー。日本一の場所で、それぞれの人が持つ「未来への希望」が広がっていくタワー。
- **ゆめみやぐら**：江戸時代からの地域の防災拠点「物見やぐら」。江戸文化の息づく下町に建つ新タワーは、遠い未来の夢まで見渡せる場所になる。
- **Rising East Tower ライジングイーストタワー**：世界の東、日本の東から、新たな文化を創造し、発信する象徴。このプロジェクト名称、Rising East Projectにもちなんでいる。
- **ライジングタワー**：ライジングは、「太陽・月・星などが昇る」、「新進の」という意。ここから、新しい物事が生まれ、日本全体を活発に上向きにしていく、という願いを込めている。

● **全国投票に向けてどう動くか**

　名称検討委員会の大仕事はここで一区切り。あとは、私たちが提案した6案の中から一般の人たちにどのネーミングが良いか選んで、投票してもらう段階に入りました。

　投票受付期間は2008（平成20）年4月1日（火）10:00から5月30日（金）17:00までの2ヵ月間。名称公募の募集期間の倍の時間です。投票方法は、パソコンのウェブサイト、携帯電話のウェブサイト、または葉書の3通りで、一人1票（複数投票があった場合は最初の1票のみ有効。同一メールアドレスからの複数の投票不可）投じることができます。投票した方々の中から抽選で地デジ対応テレビや、開業時に最初にエレベーターに乗れる権利といったメモリアルで豪華な賞品が当たります。

　この2ヵ月間は、私自身非常に長く感じました。名称検討委員会で白熱した議論の末に決定した6案ではありましたが、そのほとぼりが徐々に冷めて、あらためて「皆あの提案で納得したのだろうか」といった不安も出てきてしまったからです。

● **6候補の提示順も影響?**

　人間の心理の不思議な点ではあるのですが、提示された順番によって得票数が左右される現象が認められます。例えば、入学試験でA〜Dから一つ正解を選ぶ四択問題が出された時、本来ならABCD各選択肢は25%ずつで正解を含んでいるべきなのですが、正解率はAが20%、Bが26%、Cが30%、D 23%の分布になりやすいと言われています[2]。問題を作成する側の心理（Aから正解を出してしまうと、苦労して作ったBCDの選択肢が無駄になる）と、問題を解く側の心理（まさかAから正解が出

東武鉄道駅構内や車内には、投票を呼び掛けるポスターが多数貼られる
(池袋駅地下通路にて、2008年5月撮影)

ているはずはない、でも最後の選択肢も怪しい）が相まってCが最も正解率が高くなりやすいのです。

　入試でなくても、例えば回転寿司で回って来た1枚目の皿から取る人は少ないでしょう。たいていは「この次のものの方がもっと良いかもしれない」という期待を持って、中間から少し後ろ寄りのものを選ぶ性質があります。縁日の屋台でも、軒の連なる通りで、最初に立ち寄った店でいきなり買い物をするというよりは、いったん全部の店を見て、やっぱり最初の店で買おうと戻って来て財布を開く人は多いと思います。

　この性質を新タワーの名称候補6案の投票に当てはめると、五十音順の提示順番も少なからず投票する人の心に影響を与えるかもしれません。じっくり考えて投票する場合は6案をくまなく吟味して提示順には惑わされないかもしれませんが、電車の中で投票を呼び掛けるポスターを見ながら携帯電話などでパパッと直感的に投票する人は、3〜5番目あたりを支持することが増えても不思議はありません。この点から考えると3番目「みらいタワー」や5番目「ライジングタワー」あたりが得票数を伸ばすかもしれませんし、ダークホースの4番目「ゆめみやぐら」が面白い名称として人の目を引いて、人気となる可能性もあります。

● 選ばれたのは、僅差で「東京スカイツリー」

　2カ月の投票期間を経て、6月上旬に事務局からデータがまとまったとの連絡が入りました。結果はこの時点では知らされておらず、6月10日に開かれる記者発表の直前まで秘密。私は結果が気になって気になって仕方がありませんでした。

2008（平成20）年の6月10日は火曜日で大安。610メートルの高さを予定しているタワーの名称発表日にとてもふさわしい日でした。私は、錦糸町の「東武ホテルレバント東京」へと急ぎました。

　会場に着くと、名称検討委員会のメンバーの阿木氏、澄川氏、戸恒氏、山﨑区長の皆さんが揃い、事務局からの最終発表を固唾（かたず）をのんで待っています。

「総投票数11万419票。うち有効投票数10万9706票。最多投票数3万2699票で新タワーの名称は──『東京スカイツリー』と決定しました！」

「おおっ」「へぇ～」という感嘆ともどよめきとも言えない声が漏れ出て、審査委員もこの投票結果にそれぞれの表情を見せていました。

　私は「『○○タワー』じゃないタワーが、とうとう東京に誕生する！」という興奮が真っ先に頭の中にあり、自分が良いと思った名前に決まったことを喜びましたが、詳しいデータを見てさらに驚きました。1位の「東京スカイツリー」と2位の「東京EDOタワー」の得票数の差はわずか1484票だったからです。投票数の率から言えば1.5％の違いのみでした。「大江戸タワー」が良いと思った人たちが、EDOの音に惹（ひ）かれて投票したのかもしれません。加えて両者に「東京」という地名が入っていたのも支持された理由の一つだと考えられます。

　右の円グラフにあるように、有力候補だと思っていた「ライジングタワー」が1万5539票で上位2案の半分以下というのも意外でした。「Rising East Tower ライジングイーストタワー」も人気があるかと思っていましたが、6426票で最下位。「ライ

ジングタワー」と「Rising East Tower ライジングイーストタワー」を足しても2万1965票（全体の20%）ですので、2案の間で票割れを起こしたというわけでもなさそうです。名称が長すぎたのが最大の敗因であるかもしれません。それに加えてプロジェクト名の一部を採った名称は、アイディア公募の時点では人気があったものの、半年以上の時間を経たため、あらためてプロジェクト名を踏襲するかどうか考えた場合、何か新しい要素がほしいという発想へと人々の意識が変化したのだと思われます。

　全国投票を集計した事務局によると、今回は女性や若年層が圧倒的に「東京スカイツリー」を支持したことが結果に影響を与えたとの分析でした。年配の男性層の多くが「東京EDOタ

● 新タワー名称候補6案　投票結果

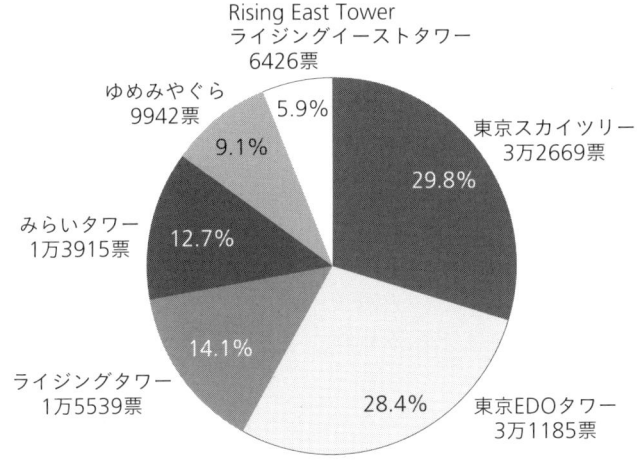

- Rising East Tower ライジングイーストタワー　6426票　5.9%
- ゆめみやぐら　9942票　9.1%
- みらいタワー　1万3915票　12.7%
- ライジングタワー　1万5539票　14.1%
- 東京EDOタワー　3万1185票　28.4%
- 東京スカイツリー　3万2669票　29.8%

ライジング・イースト・プレス 2008 June / No.4 を元に筆者がグラフを作成

ワー」に投票したのに対し、SNSを利用する女性層や若年層の投票数の伸びが最終的な僅差を分ける要因となったそうです。

　それを反映して、「東京スカイツリー」に支持の１票を投じた埼玉県の会社員・中沢歩さんが"名付け親"代表として３万2699人の中から見事当選し、一般客として最初に第１展望台に上がる権利を獲得しました。デッキに上がる第１号搭乗認定証が贈られ、息子さんとの感激の様子が報道されました。

● **「ロマンチックじゃないですか！」と委員に好評**

　委員会の座長の青山佾（やすし）氏は都政にも深く携わっているお立場から「『水とみどりの都』を目指す東京にふさわしい名前を選んで頂いて良かったです」と発言されて、新タワーのネーミングが「東京スカイツリー」に決定した旨を宣言されました。

　記者会見までの時間、私の近くに座っていらっしゃった作詞家の阿木燿子さんが、「『スカイツリー』なんておしゃれでロマンチックな名前じゃないかしら。ジャックと豆の木のイメージが湧いてこない？　これからの流行歌にたくさん登場するわよ」と笑顔で話しかけてくださいました。なるほど、作詞家ならではの独特の視点だと感心させられました。

　新タワーの照明デザインを手がける戸恒（とつね）広人さんは私と同世代という気安さから、記者発表会場までの廊下で少し雑談をしました。「『ツリー』という名前になって、ライトアップのイメージが膨らみましたよ。大樹なら、季節によっていろんな色にできますから」と、ほっとした表情を見せていらっしゃいました。新しいタワーは爽やかな白色。照らす灯によっていろいろ

な色に染め上げることができ、例えば春には新緑、秋には紅葉、そして12月には巨大なクリスマスツリーにも見立てられるのです。確かにとてもロマンチック。開業すれば間違いなく若い人たちの人気デートスポットになることでしょう。

　新タワーのデザイン監修を担当された彫刻家の澄川喜一さんは「このタワーは空に向かって立ち上がる大樹をイメージしたデザイン。多くの皆さんが樹（ツリー）をイメージしてくださったことはデザイン監修者として嬉しい限りです」とコメントし、大変喜んでいらっしゃいました。墨田区長の山﨑昇さんは、「『スカイツリー』を見に、多くの人が墨田区に来てくれるようになるね」と、防災と環境を活かした新たなまちづくりの構想に余念がない様子でした。

　ネーミングに携わった委員の誰もが、遠縁の子どもの名付け親の一人になったような、不思議な連帯感と充実感を抱いていました。

　これまで「新東京タワー株式会社」という仮称だった社名も、この名称決定を機に「東武タワー　スカイツリー株式会社」に変更。意外なことに「タワー」という語はここにしっかり残っています。

[注]
1) 商標については、桜井惠子『ネーミング発想法』（日経文庫、2002年）Ⅵ章「ネーミングの権利をどう守っていくか」に詳しい。
2) 飯田朝子『アイドルのウエストはなぜ58センチなのか——数のサブリミナル効果』（小学館、2008年）p.198、大学入試センター平成17-19年のデータより。

⑥
「東京スカイツリー」の名には理由がある

● **タワーなのにどうして「ツリー?」の疑問**

　今回の記者発表では、最終候補6案を発表した3月の時点ほどではないにせよ、やはり「タワーなのに『ツリー』なのはなぜか？」というモヤモヤとした疑問が記者の中では渦巻いているようでした。公募段階では上位21案すべてに「タワー」が付いている、世界の主要な電波塔にも「タワー」の名前があるのに、なぜ墨田区の新タワーはそのセオリーを外れているのか、といった質問が相次ぎました。確かに選考過程を詳しく知らない人にとっては、大きな疑問になっても仕方ありません。

　発表から8日後の読売新聞の記事には「新タワーどうして『ツリー』」という見出しの記事が掲載され、今回の名称決定までのいきさつが、開陳されている情報の範囲でまとめられていました。

● **「〇〇タワー」型ではないことのメリット**

　記者発表では詳しい説明を加える時間がありませんでしたが、タワーを「ツリー」と名付ける明確な理由がいくつか挙げられます。

　まず、この名前には他の候補にはないメリットがいくつもあ

気になる!

新タワーどうして「ツリー」

東京都墨田区に建設予定の約610㍍の新タワーの名称が「東京スカイツリー」に決まった。地元には歓迎ムードが広がるが、「なぜタワーでなくツリーなの」との声も。世界トップ級の電波塔の名称が決まった経緯を探ると——。

新タワー名は、事業主体の東武鉄道などが公募から1万8606件の名称案を、有識者で作る検討委員会が6候補に絞り、インターネットなどで全国投票を行って決定した。

公募段階で人気を集めたトップ3は①大江戸タワー②新東京タワー③さくらタワー。ところが「大江戸タワー」は地元の和菓子屋さんが昨年7月に商標登録していた。同店は「新タワー建設が決まった後、和菓子の商品名に使うつもりで登録した。妨害の意図はなかった」と恐縮する。「さくらタワー」も大手ホテルがすでに使用していた。委員からは「商標登録を買い取ったら」との意見も出たが、似ている「冒嶽タワー」の「嶽」は中国語で「ろう屋」を意味するなどの理由で見送られた。

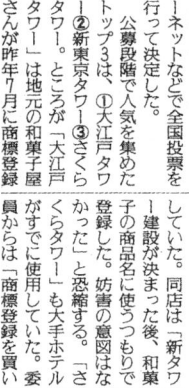

こうした関門をクリアする中から、検討委は結局、公募では上位20位にも入らなかった「東京スカイツリー」「東京EDOタワー」などを候補にして最終候補を絞った。「外国語で変な意味があると困る」と、10の言語でチェックも行われた。「天空タワー」の「空」はポルトガル語の「肛門」に発音の付く名称が多い。公募上位20位にも、すべて「タワー」がついていた。だが、検討委は「空へ伸びやかに立つタワーを樹木に見立てたユニークな名」(飯田朝子・中大准教授)と、「東京スカイツリー」を残した。

それが、全国投票で見事1位に。委員で作詞家の阿木燿子さんは「この名称を初めて見た時、『ジャックと豆の木』を連想した。どこまでも空に伸びる木。新時代のタワーにふさわしい」と話した。

現在の東京タワーも1958年の完成前に名称を公募。『昭和塔』『日本塔』などに人気が集まった中、審査員の徳川夢声氏が「ピタリと表しているのは「東京タワー」をおいてほかにありません」と提案し、決まったと言われる。

今度の名称も、時がたつと案外、新タワーをピタリと表すいい名前になるかも。

六つに最終候補を絞った「ライジングタワー」「東京EDOタワー」「東京スカイツリー」「とうきょうのツリー」などの名称案も。

(石井正博)

東京スカイツリーのイメージ図

公募段階のトップ20 (数字は公募数)

1	大江戸タワー	492
2	新東京タワー	345
3	さくらタワー	207
4	日本タワー	206
5	東京スカイタワー	166
6	江戸タワー	157
7	ドリームタワー	134
8	東京ドリームタワー	112
9	スカイタワー	106
10	すみだタワー	102
11	平成タワー	85
12	未来タワー	85
13	墨田タワー	69
14	天空タワー	63
15	レインボータワー	58
16	ジャパンタワー	56
17	東京未来タワー	54
18	サンライズタワー	51
19	下町タワー	50
20	EDOタワー	48
20	お江戸タワー	48

『読売新聞』2008(平成20)年6月18日(朝刊)には、ネーミングの疑問に関する記事が掲載された

ると考えます。

　脱「○○タワー」型ネーミングに成功したこと、これが非常に大きいと言えます。これまでのタワーや高層建築物にあまりにも多用され過ぎてしまったため、「○○タワー」の名称の個性が失われつつありました。これはすなわち、「タワー」という語に他者と区別をする力（弁別性）が弱くなってしまったとも言えるでしょう。

　本書の第1章で見た、昭和30年代から40年代にかけての女児の名前がほとんど「○○子」だったことを思い出してください。「＋子」は外せない王道だから、女児が生まれた際に「○○」に入る部分だけを考えて「＋子」にすればいいとする名付けの発想です。その結果、クラスの女子学生の名簿は「子」のオンパレード。私もその中の一人です。

　ですが、「直美」「真由美」「美幸」などバリエーションこそ少なかったのですが、クラスに数人は「＋子」ではない名前があって、そういう女の子は名簿でも目を引きましたし、自分は他の女の子とは違うという意識を多少なりとも持っていたと思います。皆が「○○子」の時代にあえて「子」を付けない勇気が彼女たちの両親にはあったとも言えます。

　これを「タワー」に当てはめたらどうでしょう。1950年代から始まった電波塔や展望塔の建設ラッシュで、ほとんどのものが「○○タワー」と名付けられてきました。21世紀にも10年以上経ったこの時代になっても、未だにこの王道は守るべきなのでしょうか。私はむしろ、この新タワーが先陣を切って脱「○○タワー」型のネーミングを冠したことで、これから建設される高層塔の名称のトレンドに影響を与えてほしいと思いま

した。

　今回のタワーの場合、木だけでなく、針、釘、ピン、鉛筆、棒、槍、ツノ、爪、錐、ピック、たけのこ、つららなどにも見立てることができます。アルファベットの「i」、数字の「1」にも通じ、じっと見ていると機械を操作するレバーにも見えてきます。「東京スカイツリー」が世界にその名を広めるにつれ、おそらくタワーの形を何か別のものに見立ててネーミングする動きが見られるでしょう。「ツリー」は、その先陣でありたいと思うのです。

　「タワー」以外の細長く尖った物の名称を比喩的に採用することによって、シアトル（アメリカ）のスペース・ニードルやロッテルダム（オランダ）のユーロ・マストのように、少ない字数でタワーの形状までも伝えることができ、効率的な情報伝達に一役買うのです。

● **3字だけで「東京タワー」と区別できる**

　次に、建築物の特徴の伝達がコンパクトに無駄なくできる点も「ツリー」にする大きなメリットです。名称公募の時点で、多くの人々が地名を入れるなら範囲や名称の親しみやすさから「東京」が最もふさわしいものだと判断していたことを思い返してみましょう。最終候補6案を見ると、地名が入っているのは「東京EDOタワー」と「東京スカイツリー」の2案。これらは高い支持を得て、それぞれ最終投票では2位と1位になりました。

　「東京EDOタワー」には、「東京」と「江戸」の時代を超えた地名が二つ入っており、形としては「東京タワー」の間に

「EDO」を入れたものになっています。もしこの案が最終的に採用された場合、私たちは既存の東京タワーとどう呼び分けたでしょうか。港区の「東京タワー」はもちろんそのままですが、墨田区の「東京EDOタワー」は、やはり「エドタワー」と呼ぶしかないと思います。平成時代の東京に、江戸のタワーがあるというのは少し違和感が出るかもしれませんし、地図に「江戸」という場所はないので、ナビやインターネットで検索をしたりする場合や外国人が質問をしてきた場合には逐一説明が必要です。

また、東京タワーと「東京EDOタワー」を比較したり、総称して呼んだりする場合に不便が生じたでしょう。そうなると、やっぱり愛称は「東京新タワー」のようになってしまい、混乱を招きやすく、双方にとってメリットが少なかったと思われます。加えて、これが仮に「東京スカイタワー」だったら平凡なうえ、すでに世界各地にあるスカイタワーとの商標や識別の問題も発生したことでしょう。

その点「東京スカイツリー」は便利です。東京タワーと併せて紹介される際、「タワーとツリー」で難なく区別できます。多くのメディアで「タワーとツリーが見える風景」などと題して二つの電波塔を東京の新旧シンボルにしようという動きが見られますが、「東京タワー」は略されて「タワー」、「東京スカイツリー」は「ツリー」と、わずか3文字・3音で呼び分けが叶うのです。これは情報伝達の面でも記述の面でも、非常に効率的だと言えます。

ネーミングが発表された当初は「東京スカイツリー」を「スカツリ」と呼ぶ人がいたそうですが、そうなると今度は「東京

タワー」は「トータワ」と呼ぶ理論になってしまいます。ともに音の据わりがよくないこともあって、いつの間にか「スカツリ」は消え、今は専ら「ツリー」の愛称で呼ばれています。

　スカイツリーの知る人ぞ知るトリビア情報を「ツリビア」、スカイツリーから見える関東一円の景色を「ツリビュー」などとマスコミで名付ける流行も生まれています。「ツリー」を「ツリ」と略すことで多くの新語を生み出すことができるのもユニークな名を付けたメリットの一つと言えます。

● 「ツリー」の方が「タワー」よりも鋭い

　そして、「スカイツリー」の音の並びにもサブリミナル効果を生む、意外なメリットが隠されています。

　言語音を発する時、私たちは音象と呼ばれる、ある共通の体験をしています。本書の2章で、江崎グリコ社がP音を含む商品名を積極的に採用している事例を紹介しました。これには、私たちが「パピプペポ」の音を出す際、唇の上下を合わせて、小さいお菓子をポリポリパクパクと口先で食べるような動作をする、サブリミナル効果が含まれています。口いっぱいに頬張る食品の名称には、ムシャムシャ食べるM音や、ガツガツ咀嚼するG音やZ音などの濁音の方が適していますが、グリコは小腹が空いた時にちょっと口にしたいような、プリッツやポッキーといった軽めのお菓子が主力商品ですので、P音の効果を利用して商品を食べる仕草を消費者に思い起こさせているのです。

　グリコのP音戦略は子音を利用していますが、もちろん母音を口の中で発する位置も音のイメージを決める役割を担ってい

ます。日本語で母音［a i u e o］を発する際、私たちは声帯を震わせて口の中の空間（口腔）の広さを変えて5音を出し分けています。断面図で示すとわかりやすいと思いますが、［i］の音を出す時には、唇の両端を横に広げ、舌を前方に押し出します。歯科医で前歯を「イー」と見せる時の口の形を想像するとわかりやすいでしょう。この時、口の中の空間は狭くなり、口の前方で音を鋭く出すことになります。［e］音は舌を横に広げて、やや口の前方で発しますので、平面的なもののイメージを抱かせる、どちらかと言うと鋭い部類に入る音なのです。

　［u］［o］［a］の3母音は、［i］と比較すると口の奥、舌の根元を少しずつ下げて空間を広げながら発音し分けます。［u］は唇を丸めて突き出し、［o］は口腔をさらに下げて唇を○(マル)の形にします。［a］は最も口を大きく開けた時の音、すなわち口腔のスペースが最も広い時に出る母音です。まとめると、音象で言えば［i］と［e］は鋭い狭いイメージ、［u］［o］［a］は丸

● 口腔断面図にみる音のイメージの違い：「ツリー」と「タワー」の比較

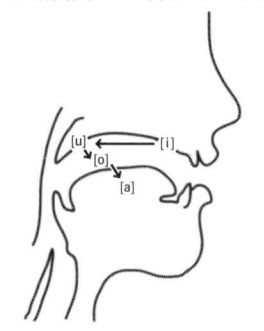

「イ」の音は狭く「アオウ」の音は広い　　→「ツリー」の母音の方が「タワー」より鋭い

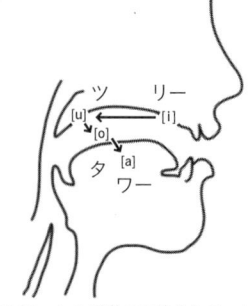

く広いイメージを与える効果があると言えます。

これを「タワー」と「ツリー」の音に当てはめるとどうでしょう。日本語の「タワー」は［tawaː］と発音しますので、最も口を大きく開けて出す母音［a］が重なること（すなわち「あ」＋「あー」の連続）になります。「ドーム」「ボール」「ホール」「ハウス」など、丸くて空間・空洞を持つものが［u o a］音を含みやすい傾向が見られます。

それに対し、「ツリー」は、［turiː］で、唇を突き出して口の奥から出す［u］の後に鋭い［iː］が長母音で続きます。口の形は「う」＋「いー」となり、狭いところから鋭い音が長く連なるイメージを生みやすくなります。「ニードル」「ピン」「ピック」などの英語からの外来語も［i］音が鋭いものをイメージさせる効果を与えていると言っていいでしょう。「木」という語も、含まれる母音は［i］です。

「スカイ」の音部分は［u a］の音を含むので、少し丸みを帯びた印象で、「東京スカイツリー」のなだらかな膨らみである「むくり」を印象付け、「ツリー」の部分で鋭い［i］を伸ばすことで、すらりと伸びた「そり」を彷彿とさせることができます。

新名称が仮に「東京ツリータワー」だった場合、最後は［a］音になるので、「スカイツリー」ほどのシャープな印象は生まれなかったでしょう。

● **清音のみで名前が構成されるメリット**

音のメリットをもう一つ指摘するなら、「トウキョウスカイツリー」には濁音が一つも含まれていないことも重要な点

です。他の最終案候補を思い返すと「トウキョウエドタワー」「ユメミヤグラ」「ライジングタワー」など、濁音が入っているものが4案ありました。D音やG音などの濁音は、発声する際により激しく声帯を振動させてエネルギーを使うので、大きく重量感のあるもの、男性的なもののネーミングに好まれます[1]。

下からタワーを見上げた場合、その規模の大きさや迫力を表現するのに濁音は効力を発揮しますが、タワーを風景の一部として遠くから眺める場合、濁音の効果は十分に活かすことができません。その点からも、清音だけで構成される名前は、滑らかで細い塔体を遠目にも楽しませてくれる役目も担っているのです。

このように、「ツリー」という語は、単に英語で樹木を指すだけでなく、音が潜在的に我々に与える印象の面でも「タワー」よりも鋭く立つものを喚起させやすいというメリットを

東京スカイツリー

「スカイツリー」のカタカナ表記を縦に並べると、「ー」を除くすべての文字に「ノ」の曲線が入っていることに気付きます。

展望台を支える塔体のなだらかな流線形や網目模様をイメージさせる視覚的効果も。

文字列の形も一役買っています。

生んでいます。634メートルのすらりと伸びた電波塔の名称として、母音・清音の音象面でも非常に好ましいものだと言えます。

● ネット時代だからこそ、平易な英単語で書ける名称に

「東京スカイツリー」の名称は、インターネット上でドメインを取得したり、検索エンジンで調べる際にも有利です。日本語を母語としない人でも、英語の sky と tree の語は知っている場合が多いでしょう。Tokyo, sky, tree の3語を入れれば、「東京スカイツリー」のオフィシャルウェブサイトが最上位にヒットします。これが、もし「ゆめみやぐら」だったら、おそらく日本語に馴染みのない言語を母語とする人たちにとっては、"You may me... what?" と戸惑って、検索すらかけるのに苦労していたのではないでしょうか。

さらに、東京ディズニーランドをTDL、ユニバーサル・スタジオ・ジャパンをUSJと表示するように、日本を代表する観光スポットとして「東京スカイツリー」はTSTとアルファベット3文字に略せます。ランドマークとして地図などに表示する際にも便利だと言えるでしょう。

●「E電」と同じ運命をたどる?

「東京スカイツリー」の名称が決定した翌週、読売新聞朝刊のUSO放送という欄に、こんな投書が掲載されていました。

　　脚光　今だけです　－E電　東京スカイツリーどの
　　　　　　　　　　　　　　　　　　　　（2008年6月18日）

「E電（イーでん）」と言っても、平成生まれの人たちには何のことかわからないと思いますが、これは1987（昭和62）年の国鉄分割民営化に伴って、これまで使っていた「国電」の呼び名に代わる愛称として付けられたものです。この愛称も公募で決められ、約5万通の応募が集まりました。最も多かったのが「民営化された電車」の意味で「民電（みんでん）」、2位が「首都電（しゅとでん）」、3位が「東鉄」だったそうです。トップ3は、それぞれに難点があり、「民電」では他の私鉄（民間鉄道）と区別できない、「首都電」は当時盛んに行われていたストライキをイメージさせる「スト電」に音が似ている、「東鉄」は国鉄時代の略称と重複するといった理由で却下されました。そのほかには「日電」「東電」「都電」「関電」「民鉄」などが候補に挙がりましたが、最終的に採用されたのは「E電」で、これは公募では20位だったアイディアです。

　今でしたら「JRD」といったアルファベット3字などの愛称も候補に挙がりそうですが、当時はアルファベットを日本語の音に当てる言葉遊びが流行していました。例えば「R」の文字を「〜である」に当てて「〇〇なのでR」と書いたり、「ダイジョーV」、「うれP」、「（E）」を「かっこいい」のように読ませたりしていました。この流れに「国鉄」のニュアンスを踏襲したアイディアが融合され、「E電」とネーミングが採用されたと想像します。

　しかし、E電という愛称はJRの宣伝活動にもかかわらず定着しませんでした。駅構内の案内表示に使われてはいましたが、国電に代わる名称自体必要ではなかったようで、数年で忘れ去られてしまいました。

前出の読売新聞に掲載された投稿も、「東京スカイツリー」の名称は付けた時だけもてはやされ、E電がたどった運命のようにいつか消えてしまうよ、と危惧しています。確かに「なんでこの名前なんだろう？」と違和感を抱かせる名称は浸透しない傾向があるかもしれません。しかし、E電の場合はJRという名称で十分に補えるのにあえて作った愛称ですので、活用する場面があまりありませんでした。命名から1年程度で廃れていってしまいました。

　しかし、その一方で新しい電波塔は建設が進み、存在感が日々増していきました。建設会社も「東京スカイツリー」のネーミングを広めるべく様々なPR活動を行いました。クイズ番組に「新しい電波塔の名称は？」と聞く問題が何度も出題され、人々は次第に「新東京タワー」ではなく、「東京スカイツリー」の名称を受け入れていくようになりました。その甲斐あって、幸いにもE電とは全く違う運命をたどることになったのです。

● "スカイツリー周り"のネーミング

　「東京スカイツリー」は、「東京」「スカイ（空）」「ツリー（木）」の三つの要素に分解できる利点があり、関連する施設やサービスの名前を考える際、それぞれが多くの名称へと派生できる潜在能力を持つ言葉だと言えます。

　「東京スカイツリー」の名称が決定してから2年、その近辺に建設される商業施設の名称も次々に発表されていきました。こちらは公募ではなかったそうですが、以下のような相関図に示される名称展開となっています。

● ネーミング相関図

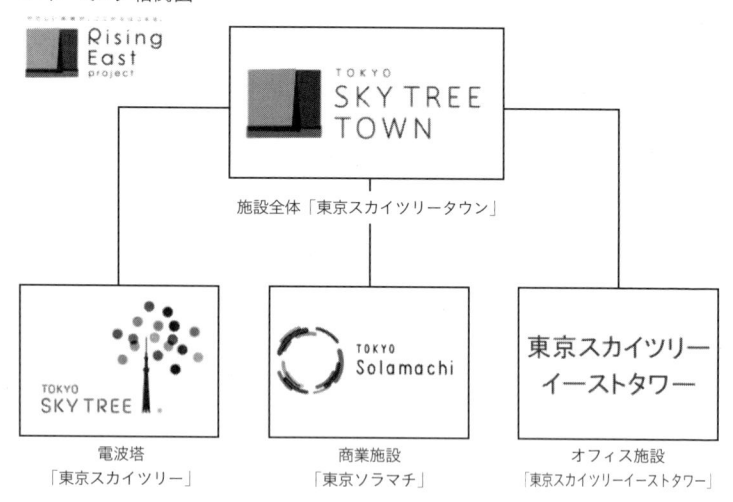

施設全体「東京スカイツリータウン」

電波塔
「東京スカイツリー」

商業施設
「東京ソラマチ」

オフィス施設
「東京スカイツリーイーストタワー」

東武ライジングイーストプロジェクト　プレスリリース2010（平成22）年12月27日
http://www.tobu.co.jp/file/3113/101227_2.pdf より

● 東京スカイツリータウン内にある施設名の構成要素

電波塔	東京	スカイ	ツリー		
商業施設	東京	スカイ	ツリー	タウン	
オフィス施設	東京	スカイ	ツリー		イーストタワー
商業施設		ソラ		マチ	

　最も中心となる電波塔のお膝元の施設には「東京スカイツリー」＋○○と名前が付けられています。「東京スカイツリータウン」は、よく言えば無難、悪く言えば平凡な名称と言えるでしょう。オフィス施設には、かつてタワーの名称候補でもあり、「ライジングイースト」プロジェクトの名前を受け継いだ「イーストタワー」が名称に採用されました。「東京スカイツリー」を訪れた際には足を向けてほしい商業施設の名称には統一

感があることが重要だと思います。ツリー周りの施設の諸名称も、時間が経てば問題なく浸透するでしょう。

興味深いのは、商業施設の「ソラマチ」のネーミングです。「スカイツリー」を「空の木」と読み換え、その下に広がる施設を「空の街」としています。カタカナで「ソラマチ」(ローマ字で「Solamachi」)と書きますが、その意図は残念ながらあまり伝わってきません。「ソラマチ」を「ソリマチ」と読み間違う人もいるようで、「そらまち」のひらがなの方が、より柔らかく伸びやかな印象になったかもしれません。

あるいは"寄らば大樹の陰"の慣用句にならって、「東京スカイツリー」を訪れた人たちが足を向けてくれる場所であるように「Taiju Town」と名付けたり、木の根元を意味する「Root」を使って「Root Mall」のように呼んでもよかったでしょう。

● **マスコットの名前は「ソラカラ」ちゃん**

日本にある主要なタワーの多くには、マスコットキャラクターがいます。東京タワーには「ノッポン・ブラザーズ」がいて[2]、兄弟で東京タワーのPR活動を展開、本音で書かれた彼らのブログや大人びた口調でつぶやかれたツイッターでの投稿も注目されています。ほかにも大阪市北区大淀中に建つ空中庭園展望台には「そららちゃん」、さっぽろテレビ塔には「テレビ父さん」、通天閣のシンボルに「ビリケン」、京都タワーには「たわわちゃん」、函館五稜郭の「GO太くん」、夢みなとタワーの「トリピー」などがタワーキャラクターと呼ばれ、"ゆるキャラ"として人々に愛されています。

「東京スカイツリー」のマスコットは「ソラカラ」ちゃん。写真提供：TOKYO-SKYTREE

　2010（平成22）年10月から「東京スカイツリー」の公式キャラクターになったのがこちら（写真）。約60案の候補の中から選ばれました。名前は「ソラカラ」ちゃんです。
　公式発表によると、ソラカラちゃんは"とんがり星"からやってきて、ステキな発見ができたり嬉しいことがあったりすると、頭の星がキラキラ光るという設定になっているそうです。好奇心旺盛で、いろいろなものが見えるように首から望遠鏡を提げています。
　名前の「ソラカラ」は、口癖の「そらから これから いってみるから」にちなむそうです。「空」は「そら」と「から」の両方の読みができることから、覚えやすい名前になっていま

す。キャラクターの名前も「空」を軸に付けられているのです。女の子の名前に4音を付ける例もあまりありませんので、ユニークです。

　今回のキャラクターは公募で決まったものではありませんが、東京タワーの「ノッポン・ブラザーズ」が男の子をイメージさせるキャラクターだけに、彼らとは違った路線を狙い、「東京スカイツリー」は女の子のキャラクターを設定しました。これは正解だったと思います。

● 「業平橋駅」から「とうきょうスカイツリー」へ

　新しくできた名前の影響で消えていく名前もあります。「東京スカイツリー」の最寄り駅、東武鉄道伊勢崎線の業平橋駅の名前が2012（平成24）年3月に「とうきょうスカイツリー」という駅名に変わりました。

　業平橋駅の名前は、吾妻橋に由来があります。この橋は駅近くを流れる隅田川にかかっており、平安初期に成立したと言われる『伊勢物語』の中にも登場します。吾妻橋は、物語の主人公・在原業平にちなみ、現在の墨田区押上付近を舞台にした『都鳥』の話の中に「業平橋」の異称で出てきます。1902（明治35）年に「吾妻橋駅」という名でこの駅が開業したのが始まりです。1910（明治43）年、浅草駅に改称。1931（昭和6）年に「浅草雷門駅」（現在の浅草駅）が開業したことに伴い、「業平橋駅」に改称されたのです。これほど長い歴史と由緒を持つ駅名が消えることを惜しむ声は、たくさんありました。

　この駅の名を「とうきょうスカイツリー」へと三たび改称する理由について、東武鉄道株式会社は「旧業平橋駅を東京スカ

イツリーへのアクセス駅としてPRしてきているが、日本の新しいランドマークとなる東京スカイツリーへの玄関駅としてふさわしく、わかりやすい駅名に変更」すると発表（2010年12月27日東武ニュースより）。「東京スカイツリー」およびその周辺地域への一層の誘客を図ることになりました。

　「東京」を「とうきょう」とひらがな書きすることで、より平易に駅名を読んでもらう意図もあるようです。確かに、外国人観光客などが訪れた時、「なりひらばし」よりは「とうきょうスカイツリー」の名称の方が発音しやすく聞き取りやすいので、迷わず目的地に着けることでしょう。現在「東京タワー」駅はありませんので、その面でも「とうきょうスカイツリー」駅への名称変更は正しい選択だと思います。

　関連して、東武鉄道では2012（平成24）年3月17日より伊勢崎線の浅草・押上駅と東武動物公園の間を走る路線の愛称を「東武スカイツリーライン」と名付けています。路線にニックネームを付けることで、より広く乗降客に「東京スカイツリー」が浸透することでしょう。

　とはいえ、『伊勢物語』にちなむ由緒正しい業平橋の名が消えてしまうのは惜しいと思う地元の人たちのために、駅では「旧業平橋駅」の名称も併記しています。また、同様に東武伊勢崎線の押上駅には「スカイツリー前」の副駅名が付き、これまで「押上」と表示されていた駅名は「押上（スカイツリー前）」に変更。こちらには「とうきょう」の地名は省かれていますが、旧業平橋駅と併せ、「スカイツリー」の名が付く駅が二つになったことになります。

　世界一の電波塔が建ったことで、周辺にもいろいろな変化が

名称変更前の業平橋駅

名称変更後のとうきょうスカイツリー駅。写真提供：TOKYO-SKYTREE

6 「東京スカイツリー」の名には理由がある

ありました。特に地名などが変わると、近隣には大きな影響が及びます。駅のホームに降り立った際には、駅名の変遷にも思いをはせてみてください。

● **まとめ**

本書では、人の名前の付け方、ヒット商品に隠されたネーミングのポイントを参照しながら、三つの要素が重要であることを説明しました。

一つ目はネーミングの持つ"意味"の重要性。人名だったら、どのような人間に育ってほしいのかの願いを込めた名前を考える必要があります。商品のネーミングなら、どのような言葉を使えば、消費者の印象に残り、ライバル商品に打ち勝つことができるかを考えます。また、多くの人が思いつく名前は、概して平凡な名前だとも言えます。商標に触れないかどうか、既存のものと混同を招かないかどうか、外国語にした際にマイナスのイメージを与える意味を持っていないかどうかも調べておきましょう。加えて、インターネットでのキーワード検索の利便性やドメイン取得が可能かどうかも検討すると、ビジネスをより有利に展開できます。

二つ目に、ネーミングに含まれる"音"の要素も重要です。例えば「ツリー」のように鋭いものをイメージさせるには [i] の音を入れるとよい、女性の名前に好まれる音を商品名に入れると女性にヒットしやすい、子どもが喜ぶ商品のネーミングには唇を使ったM音やP音を入れると売れる、といった私たちの抱く音のイメージ（音象）に基づく理論を紹介しました。濁音が男性的で出すのにエネルギーが必要という点なども覚えてお

くと、男性向け商品のネーミングに役立つと思います。

　三つ目のポイントは名前の"表記"の仕方。日本語には、ひらがな、カタカナ、漢字、アルファベットという四つの表記方法があります。人名にはアルファベットは使えませんが、商品名などではさらに大文字と小文字があるので、合わせて5種類の表記ができます。例えば「みらい」という語を使う場合は「未来」「みらい」「ミライ」「MIRAI」「Mirai」「mirai」など、様々な書き方をすることができますので、名付ける対象のイメージや役割に応じて最もふさわしい表記を見つける作業を行ってください。

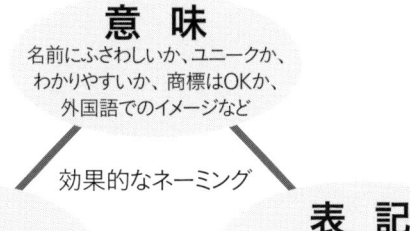

意味
名前にふさわしいか、ユニークか、
わかりやすいか、商標はOKか、
外国語でのイメージなど

効果的なネーミング

音
清音、濁音、拗音などの効果
母音のイメージ、音象

表記
ひらがな、カタカナ、漢字
アルファベット(大／小文字)

　以上の3点を踏まえれば、あなたもきっと良いネーミングをすることができるでしょう。子どもの誕生、商品の宣伝、そして地域活性化のために、モノを言わせる秀逸なネーミングをぜひしてみてください。皆さんのユニークな提案を楽しみにしています。

[**注**]
1) 濁音の効果については黒川伊保子『怪獣の名はなぜガギグゲゴ』（新潮新書、2004年）に詳しい。
2) みうらじゅん『ゆるキャラ大図鑑』（扶桑社、2004年、p.91）によれば、東京タワーのキャラクター「ノッポン」は、建設40周年を記念して誕生、30案ほどのデザインの中から選出されたということである。

あとがき

　私が自己紹介をしたり名刺を渡したりすると、しばしば「朝ご飯をモリモリ食べそうなお名前ですね」と言われます。どうも「朝」の字が個性を発揮するようで、ときどき学生から「朝田先生」と言われたり、学生同士で「朝子ちゃんの授業、どう？」といった会話やツィートが交わされていることも知っています。「朝」の１字が私のイメージを作っていると言ってもいいかもしれません。

　朝子なら、間違いなく朝に生まれたに違いないと思われますが、実は午後３時頃に生まれました。朝子という名は、私の母が出産前に見た夢にヒントを得て思いついた名前だそうで、朝の清々しい空気や、「王朝」などに使われる気高い意味、そして「朝」の字には「月」が付いているのでツキがあるように、などの由来があると聞いています。

　私はそんな自分の名前が好きですし、愛着もあります。名となる「言葉」は人の性格やイメージを大きく決める強い力、「ことだま」のようなパワーを持っていると実感します。

　そんな私が最近母になりました。ネーミングのゼミを開講し、中央大学の市ヶ谷田町のミドルブリッジのネーミングの手伝いをし、「東京スカイツリー」の名称検討委員会にも入っていたため、同僚の先生たちからは「すごいお名前のお子さんになるんでしょうねぇ、ふふふ。」と声をかけられ、何とも言えないプレッシャーを味わいました。出産する前、男の子用の

名前を 100 案くらい、女の子用の名前を 150 案くらい考えていましたが、実際に我が子と対面した時に「なんか、全部違うな」と思い、ゼロから名前を考える作業をまた始めました。

　子どもの名付けで最も難しいと感じたのは、自分の意思だけでは決められないという点です。大学のネーミングのゼミでは、すでに存在する商品の名前にあれこれ分析を加えることはしていましたし、「東京スカイツリー」の名称検討では最終的な決定はネット投票にゆだね、あとは結果を待つだけという状況にいました。ですが、娘の名前は、夫やおじいちゃん、おばあちゃんの意見も採り入れないといけません。

　同い年の夫は、自分が仕事でお世話になった人やテレビで紹介された偉人にあやかった名前を子どもに付けようと張り切っていました。金子みすゞの詩から 1 語採ろうという提案や、自分の母親と同じニックネームになるような名前を考えていたようです。私は、夫の提案には真っ向から反対する気はありませんでしたが、漢字の読み方が非常に難解だったり、今はほとんど使わない昔風の言葉が入ったりしたことがネックとなり、素直に YES と答えることができませんでした。

　私は「知歩（ちほ）」が字画も良く、読みやすくて音もきれいだと思い、小さな声で提案しましたが、産後の体力消耗プラス 24 時間授乳の疲れで普段の思考力や主張する気力はほとんどありませんでした。そんな状態の中で、少なくともこの本に書いた「意味・音・表記」の 3 大原則は守りたいと思っていました。ですが、そうなかなか良い案は出てきません。産院の窓からは、建設中の「東京スカイツリー」がよく見えて、皮肉にもそれがまた焦りの一因ともなりました。

数々の候補が浮かんでは消えていく中、最終的に、私たちは姓名判断にゆだねることにしました。戸籍名である夫の山本姓の字画と併せ、最も運気が良い名前の候補をあれこれ調べていきました。その結果「詩絵（うたえ）」が最も良いと出たのです。すべての運勢（天格・人格・地格・外格・総格）でバランス良く吉、トータルにも大吉「強い気質と優れた能力で多くの人を統率できる」運勢、しかも「個性を発揮して面白い人生を歩む、結婚運、子宝運良好」とありました。

　「『うたえ』ねぇ……運気はいいけど漫才師みたいだな。」「じゃ、詩を『うた』じゃなく『し』と読んで『しえ』にしたら。姓名判断って読み方は影響しないんでしょ？」と私がふと言いました。夫も偶然見つけたこの字の並びが良いと思っていたらしく、「じゃ、詩絵（しえ）にしよう。」とあっけなく名前が決まりました。

　意見が真っ向から対立する中、ひょうたんから駒というか、第三者的な思いつきで出てきたアイディアにストンと落ち着きました。念のため、もう一晩考え直しましたが、詩絵を超えるような良い案は出てきません。詩も絵も人の素養として身に付けてほしいものですし、漢字としては問題なく読め、小学校時代に習うという点で合格。「うたえ」と読まれたら、それはそれであだ名にすればいい。りえ、きえ、ちえなどの名前はけっこうあっても、「しえ」という音の人には私は会ったことがありませんでしたので、これで出生届を出すことにしました。

　産院では同じ日に生まれた女児に季(とき)ちゃんとか、乃愛(のあ)ちゃん、美優(みゆ)ちゃんがいて、親戚にも史登(しと)ちゃんや凪(なぎ)ちゃんといったユニークな2音の名前も並び、一昔前の西洋風の名前や、難

あとがき

しい漢字の読みの名前は減っている印象でした。

　詩絵は、そういう意味でも極端に古臭くなく、かと言って珍名というほどでもないので、これでよかったのかなと思っています。生まれて1カ月ほどは「知歩の方がよかったかな」と思うことが何度かありましたが、保育園に行っていろんな人に名前を呼ばれ、自分でも「しえ、しえ」と言うようになるにつれ、詩絵がその時に考えられる、最も良い名前だったのだと確信できるようになりました。

　将来、詩絵が自分の名前を気に入ってくれるかどうかはわかりませんが、両親ともども頭をひねって考えた名前ですので、大切にしてほしいと願っています。

　この本を読んでくださった読者の皆さんも、これから公私にわたってネーミングをする機会があるでしょう。その時には、できるだけ最良の名前が付けられるよう、大いに悩んでください。そして本書が何かのヒントとなって、納得のいくアイディアが浮かんでくることを祈っています。

　本書をまとめるに当たり、東武タワースカイツリー株式会社広報宣伝部の皆様、名称検討委員会の先生方および事務局の皆様には大変お世話になりました。検討委員会での貴重な資料に触れることもお許し頂き、おかげをもちまして研究を進めることができました。謹んで御礼申し上げます。

　出版の機会を与えてくださった平岩大典さん、力強くサポートしてくださった柴﨑郁子さんにも感謝の意を表します。

参考文献

- 安部徹也『メガヒットの「からくり」』角川 SSC 新書、2008 年。
- 飯田朝子『アイドルのウエストはなぜ 58 センチなのか――数のサブリミナル効果』小学館、2008 年。
- 伊藤信吾『風に吹かれて豆腐屋ジョニー――実録 男前豆腐店ストーリー』講談社、2006 年。
- 岩永嘉弘『すべてはネーミング』光文社新書、2002 年。
- 岩永嘉弘『絶対売れる！ネーミングの成功法則』PHP 研究所、2002 年。
- 小野正弘編『擬音語・擬態語 4500 日本語オノマトペ辞典』小学館、2007 年。
- 学研辞典編集部『ヒット商品をつくる ネーミング辞典 Part2』学研、2004 年。
- 学研辞書編集部編『13 か国語でわかる 新・ネーミング辞典』学研、2005 年。
- 木通隆行『ネーミングの極意』ちくま新書、2004 年。
- 窪薗晴夫『ネーミングの言語学――ハリーポッターからドラゴンボールまで』開拓社、2008 年。
- 黒川伊保子『怪獣の名はなぜガギグゲゴなのか』新潮新書、2004 年。
- 斎藤孝『売れる！ネーミング発想塾』ダイヤモンド社、2005 年。
- 桜井恵子『ネーミング発想法』日経文庫、2002 年。
- 佐々木健一『タイトルの魔力』中公新書、2001 年。
- 佐藤稔『読みにくい名前はなぜ増えたか』吉川弘文館（歴史文化

ライブラリー)、2007 年。
- 鮫島敦『東京タワー 50 年——戦後日本人の"熱き思い"を』日本経済新聞出版社、2008 年。
- 白川静・津崎幸博『人名字解』平凡社、2006 年。
- 東京電波塔研究会『東京タワー 99 の謎』二見書房、2006 年。
- 友利昴『へんな商標？ 2』発明協会、2011 年。
- 橋本五郎監修・読売新聞新日本語企画班『新日本語の現場』中公新書ラクレ、2003 年。
- 藤村正宏『売れる！伝わる！ネーミング』PHP ビジネス新書、2007 年。
- ブルボン小林『ぐっとくる題名』中公新書ラクレ、2006 年。
- みうらじゅん『ゆるキャラ大図鑑』扶桑社、2004 年。
- みうらじゅん『ゆるキャラの本』扶桑者サブカル PB、2006 年。
- 安田輝男『あのネーミングはすごかった！』中経出版、2003 年。
- 山口仲美編『暮らしのことば 擬音語・擬態語辞典』講談社、2003 年。

飯田 朝子（いいだ あさこ）

1969年東京都生まれ。
東京女子大学、慶應義塾大学大学院、東京大学大学院を経て、
1999年に博士（文学）取得。
現在、中央大学商学部教授。専門は言語学。
2005年より商学部で「消費者を引きつける商品名の研究」と
題した基礎ゼミを開講。
2007年、東京スカイツリー名称検討委員会メンバーに。
2010年、中央大学市ヶ谷田町キャンパス「ミドルブリッジ」の
ネーミングを手掛ける。
著書に『数え方の辞典』、『数え方もひとしお』、『アイドルの
ウエストはなぜ58センチなのか──数のサブリミナル効果』
（いずれも小学館）、『数え方でみがく日本語』（筑摩書房）など。

ネーミングがモノを言う
あのヒット商品から「東京スカイツリー」まで

2012年10月10日　初版第1刷発行

著者	飯田朝子
発行者	吉田亮二
発行所	中央大学出版部 東京都八王子市東中野742-1 〒192-0393 電話｜042-674-2351　FAX｜042-674-2354 http://www2.chuo-u.ac.jp/up/
装幀	松田行正＋日向麻梨子
印刷・製本	株式会社千秋社

©Asako Iida, 2012 Printed in Japan
ISBN978-4-8057-6182-3

本書の無断複写は、著作権上での例外を除き禁じられています。
本書を複写される場合は、その都度当発行所の許諾を得てください。